U0904114

悦·读人生

On Dostoevsky
陀思妥耶夫斯基

[美] 苏珊·李·安德森（Susan Lee Anderson）◎著
马寅卯◎译

清華大學出版社
北 京

北京市版权局著作权合同登记号 图字01-2018-1893号

On Dostoevsky
Susan Lee Anderson

Cengage Learning Asia Pte. Ltd.
151 Lorong Chuan, #02-08 New Tech Park, Singapore 556741

图书在版编目（CIP）数据

陀思妥耶夫斯基 /（美）苏珊·李·安德森（Susan Lee Anderson）著；马寅卯译. —北京：清华大学出版社，2019(2022.11重印)
（悦·读人生）
书名原文：On Dostoevsky
ISBN 978-7-302-52546-2

Ⅰ. ①陀… Ⅱ. ①苏… ②马… Ⅲ. ①陀思妥耶夫斯基（Dostoyevsky, Fyodor Mikhailovich 1821-1881）—哲学思想—思想评论 Ⅳ. ① B512.49

中国版本图书馆 CIP 数据核字（2019）第 047331 号

责任编辑：刘志彬
封面设计：李召霞
责任校对：王荣静
责任印制：宋　林

出版发行：清华大学出版社　　**地　　址：**北京清华大学学研大厦 A 座
http://www.tup.com.cn　　**邮　　编：**100084
社 总 机：010-83470000　　**邮　　购：**010-62786544
投稿与读者服务：010-62776969，c-service@tup.tsinghua.edu.cn
质量反馈：010-62772015，zhiliang@tup.tsinghua.edu.cn
印 装 者：三河市铭诚印务有限公司
经　　销：全国新华书店
开　　本：148mm × 210mm　　**印　　张：**5　　**字　　数：**93 千字
版　　次：2019 年 5 月第 1 版　　**印　　次：**2022 年 11 月第 2 次印刷
定　　价：35.00 元

产品编号：077069-01

陀思妥耶夫斯基

费奥多·米哈伊洛维奇·陀思妥耶夫斯基（Fyodor Mikhailovich Dostoevsky，1821—1881），俄国文学家、哲学家，存在主义的奠基人。极少数能够通过小说做哲学的作家楷模。出生于并不富裕的家庭，长大后入彼得堡军事工程学校就读，毕业后入伍。1849—1859 年因牵涉反对沙皇的革命活动被判流放西伯利亚，释放后就地服役。1860 年返回彼得堡定居，专注于文学创作和哲学研究。1881 年病逝。著有《罪与罚》《卡拉马佐夫兄弟》《地下室手记》等。

陀思妥耶夫斯基哲学的轴心是他对我们拥有自由意志的信仰，主张我们应过伦理的生活方式，而且这是唯一正确的方式。

美国哲学家考夫曼认为“《地下室手记》是存在主义的完美序曲”。

内容简介

本书首先简要介绍了陀思妥耶夫斯基的生平经历，以让读者了解其思想的形成和发展脉络。然后则对陀思妥耶夫斯基的重要作品，如《地下室手记》《双重人格》《罪与罚》《白痴》《群魔》和《卡拉马佐夫兄弟》等中的哲学思想进行了深入分析，帮助读者把握其富有启发性和包蕴性的思想。

总序

贺麟先生在抗战时期写道："西洋哲学之传播到中国来，实在太晚！中国哲学界缺乏先知先觉人士及早认识西洋哲学的真面目，批评地介绍到中国来，这使得中国的学术文化实在吃亏不小。"[①]贺麟先生主持的"西洋哲学名著翻译委员会"大力引进西方哲学，解放后商务印书馆出版的《汉译世界学术名著》的"哲学"和"政治学"系列以翻译引进西方哲学名著为主。20世纪80年代以来，三联书店、上海译文出版社、华夏出版社等大力翻译出版现代西方哲学著作，这些译著改变了中国学者对西方哲

① 贺麟．当代中国哲学．上海：上海书店，1945：26.

学知之甚少的局面。但也造成新的问题：西方哲学的译著即使被译为汉语，初学者也难以理解，或难以接受。王国维先生当年发现西方哲学中“可爱者不可信，可信者不可爱”，不少读者至今仍有这样体会。比如，有读者在网上说：“对于研究者来说，原著和已经成为经典的研究性著作应是最该着力的地方。但哲学也需要普及，这样的哲学普及著作对于像我这样的哲学爱好者和初学者都很有意义，起码可以避免误解，尤其是那种自以为是的误解。只是这样的书还太少，尤其是国内著作。”这些话表达出读者的迫切需求。

为了克服西方哲学的研究和普及之间的隔阂，清华大学出版社引进翻译了国际著名教育出版巨头圣智学习集团的“华兹华斯哲学家丛书”（Wadsworth Philosophers）。“华兹华斯”是高等教育教科书的系列丛书，门类齐全，“哲学家丛书”是“人文社会科学类”中“哲学系列”的一种，现已出版 88 本。这套丛书集学术性与普及性于一体，每本书作者都是研究其所论述的哲学家的著名学者，发表过专业性很强的学术著作和论文，他们在为本丛书撰稿时以普及和入门为目的，用概要方式介绍哲学家主要思想，要言不烦，而又不泛泛而谈。因此这套书特点和要点突出，文字简明通俗，同时不失学术性，或评论哲学家的是非得失，或介绍哲学界的争议，每本书后还附有该哲学家著作和重要第二手研究著作的书目，供有兴趣读者作继续阅读之用。由于这些优点，这套丛书在国外是不可多得的哲学畅销书，不但是哲学教科书，而且是很多哲学业余爱好者的必读书。

“华兹华斯哲学家丛书”所介绍的，包括耶稣、佛陀等宗教创始人，沃斯通克拉夫特、艾茵·兰德等文学家，还包括老子、庄子等中国思想家。清华大学出版社从中精选出中国人亟须了解的主要西方哲学家，以及陀思妥耶夫斯基、梭罗和加缪等富有哲思的文学家和思想家，以飨读者。清华大学出版社非常重视哲学领域，引进出版的《大问题：简明哲学导论》等重磅图书奠定了在哲学领域的市场地位。这次引进翻译这套西文丛书，更会强化这一地位。现在越来越多的人认识到，在思想文化频繁交流的全球化时代，没有基本的西学知识，也不能真正懂得中华文化传统的精华，读一些西方哲学的书是青年学子的必修课，而且成为各种职业人继续教育的新时尚。清华大学出版社的出版物对弘扬祖国优秀文化传统和引领时代风尚起到积极推动作用，值得赞扬和支持。

张世英先生担任这套译丛的主编，他老当益壮，精神矍铄，认真负责地选译者，审译稿。张先生是我崇敬的前辈，多年聆听他的教导，这次与他的合作，更使我受益良多。这套丛书的各位译者都是学有专攻的知名学者或后起之秀，他们以深厚的学养和翻译经验为基础，翻译信实可靠，保持了原书详略得当、可读性强的特点。

本丛书共44册，之前在中华书局出版过，得到读者好评。

我看到这样一些网评："简明、流畅、通俗、易懂，即使你没有系统学过哲学，也能读懂"；"本书的脉络非常清晰，是一本通俗的入门书"；"集文化普及和学术研究为一体"；"要在一百来页中介绍清楚他的整个哲学体系，也只能是一种概述。但对于普通读者来说，这种概述很有意义，简单清晰的描述往往能解决很多阅读原著过程中出现的误解和迷惑"'；等等。

这些评论让我感到欣慰，因为我深知哲学的普及读物比专业论著更难写。我在中学学几何时曾总结出这样的学习经验：不要满足于找到一道题的证明，而要找出步骤最少的证明，这才是最难、最有趣的智力训练。想不到学习哲学多年后也有了类似的学习经验：由简入繁易、化繁为简难。单从这一点看，柏拉图学园门楣上的题词"不懂几何者莫入此门"所言不虚。我先后撰写过十几本书，最厚的有八九十万字，但影响最大的只是两本30余万字的教科书。我主编过七八本书，最厚的有100多万字，但影响最大的是这套丛书中多种10万字左右的小册子。现在学术界以研究专著为学问，以随笔感想为时尚。我的理想是写学术性、有个性的教科书，用简明的思想、流畅的文字化解西方哲学著作烦琐晦涩的思想，同时保持其细致缜密的辨析和论证。为此，我最近提出了"中国大众的西方哲学"的主张。我自知"中国大众的西方哲学，现在还不是现实，而是一个实践的目标。本人实践的第一步是要用中文把现代西方哲学的一些片段和观点讲得清楚明白”[①]。欣闻清华大学出版社要修订再版这套译丛，每本书都是讲得清楚明白的思想家的深奥哲理。我相信这套丛书将更广泛地传播中国大众的西方哲学，使西方哲学融合在中国当代思想之中。

赵敦华

2019 年 4 月

① 详见赵敦华. 中国大众的现代西方哲学. 新华文摘，2013（17）：40.

前言 foreword

俄罗斯批评家和诗人维亚切斯拉夫·伊万诺夫（1866—1949）这样评论陀思妥耶夫斯基小说中的人物：

> 他们并没有随着时间的流逝从我们身边隐去；他们没有老化。他们没有退到抽象的沉思领域，成为我们异己的和冰冷的思考对象……在漆黑无眠的夜晚，他们撞击着我们的心扉，不时潜入我们的身边，隐秘地与我们进行一次又一次不安分的对话。[①]

没有人怀疑陀思妥耶夫斯基是一位伟大的作家，但是把他归为哲学家，许多人就会觉得奇怪，因为除去他的文集《作家日记》，他只写小说。我在这本书里想要证明的是：尽管大多数哲学家选择了用随笔的风格做哲学，但是以小说的方式来做哲学不仅是可能的，而且有时候一个伟大的作家能够在小说中更加有效地做哲学。19 世纪的陀思妥耶夫斯基、20 世纪的阿尔伯特·加缪[②]就是两个能够在小说中做哲学的极富天才的作家的楷模。

哲学爱好者应当阅读陀思妥耶夫斯基有三个原因。首先，他痴迷于哲学难题——痴迷于回答和解决哲学问题——这是他为什么能够被归为哲学家的原因。陀思妥耶夫斯基致力于回答两个根本的哲学问题：（Ⅰ）什么是人的困境？（Ⅱ）如果给出了（Ⅰ）的答案，那么我们应该如何过我们的生活？第一个问题把陀思妥耶夫斯基带入形而上学的沉思——关于自由意志，自我的本性，以及上帝的存在——而第二个问题则把他引入伦理学和元伦理学的领域。他所关注的哲学问题，最重要的是这样一个问题：人拥有的最重要的属性是自由，在明确了这点并且认识到这种自由有毁灭的可能时，他寻求一种与这种自由相适应的限制性力量。在试图解决这个问题时，陀思妥耶夫斯基在《卡拉马佐夫兄弟》中的“背叛”和“宗教大法官”给了我们有关恶的问题——协调全知、全能和慈善的上帝与世界上恶的存在的问题——很可能是迄今为止最精彩的讨论。至少这些章节总是被收入讨论此类问题的哲学文集中。

其次，陀思妥耶夫斯基之所以对哲学重要，是因为他影响了其他哲学家，并且与他们有着密切关系。他的著作总是被看作——如果本身不是存在主义的话，至少是存在主义的先驱。瓦尔特·考夫曼称陀思妥耶夫斯基的《地下室手记》为“已有的关于存在主义的完美序曲”[③]。陀思妥耶夫斯基强调自由、自由引起的焦虑，并企图把哲学与真实的生活统一起来，所有这些都把他与后来的存在主义者紧密联系在一起。弗里德里希·尼采也发现了与陀思妥耶夫斯基的亲和之处。1886 年 12 月，他阅读了法译本的《地下室手记》，写道：

> 就在几个星期前，我甚至都不知道陀思妥耶夫斯基的名字，在一家书店里，我偶尔一伸手臂，让我注意到了《地下室手记》，一本刚刚翻译成法文的著作，血缘本能（否则，我何以名之）马上涌了上来；我欣喜若狂。[④]

在读了陀思妥耶夫斯基的这部著作后，尼采只剩下两年清醒的日子；但是在许多学者看来，有一点大概是清楚的：“这个俄国人的影响是巨大的，也许比尼采本人所认识到的或愿意承认的更大。”[⑤]我们尤其在尼采《拂晓》的前言中能够看到这种影响：

> 把这部著作与（尼采的）其他著作区分开来的是……它的语调，它的形象，它的风格，而这在很大程度上又可追溯到陀思妥耶夫斯基。前言读起来好像是尼采在陀思妥耶夫斯基那里突然发现了一种新的方式来更清楚、更有力、更生动地表达他已经表达了许多年的同样的事情。[⑥]

最后，陀思妥耶夫斯基的小说包含着对哲学和宗教中一些不可动摇的观念的批判。[⑦]陀思妥耶夫斯基质疑自我的统一性，对上帝的信仰在理性上的可证明性，对基于理性的道德的辩护，甚至理性本身的价值！[⑧]然而陀思妥耶夫斯基不仅仅是个批判者。批评他人的观点而又不提供任何替代物是容易的。陀思妥耶夫斯基有一个正面的哲学提供给我们，这就是我们如何能够尽可能利用我们的环境，过一种自由选定的、快乐的生活，无论是作为个体还是集体。

不管我们是否同意他的最终立场，我们都不能怀疑陀思妥耶夫斯基对人的理解达到了一种罕见的高度，这部分是因为他独特的生活体验，这一点我们会在他的生平里看到。他深刻地思考了给我们的生活以意义的各种可能性。伊万诺夫这样评价陀思妥耶夫斯基：

在我们每个心悸的时刻，他就对我们说：“是的，我知道；而且我知道的更多，除此之外，还有好多别的。”……他无情地站到了我们面前，用他那敏锐的、深不可测的目光，阴郁而焦灼的表情穿过我们灵魂的迷宫，同时指引并监视着我们……他问了以前从未被问起过的即将到来的时代问题，并且低声说出了未被预见的问题的答案。⑨

在这个陀思妥耶夫斯基哲学的简短引言中，我的第一章将以对这样一个问题的探讨开头，即人们是否以及在多大程度上能够成功地在小说作品中做哲学。然后，在描述完陀思妥耶夫斯基的生平后，我将考察他的哲学在小说《双重人格》（1846）、《地下室手记》（1864）、《罪与罚》（1866）、《白痴》（1869）、《群魔》（1871—1872）以及他的巨著《卡拉马佐夫兄弟》（1879—1880）中的发展，之后，我将对陀思妥耶夫斯基的整个哲学给出总的评价。

对陀思妥耶夫斯基的著作我将不做文学分析，指出这一点是重要的。因此，例如，我在讨论早期的小说《双重人格》时，我将不涉及可能的风格缺点、情节问题，或其他的结构问题。我也对陀思妥耶夫斯基在其小说中对历史事件和态度所作的部分反应不加评论。我只涉及他逐渐发展，而在《卡拉马佐夫兄弟》中得到最充分体现的哲学立场。

感谢康涅狄格大学允许我教“哲学和文学”20余载，这有助于我准备本书的写作。对雅吉拉·弗兰克（Yakira Frank）和凯西·布雷迪（Kathy Brady）在手稿准备中所给予的慷慨的编辑帮助一并致以谢意。

注释：

① 维亚切斯拉夫·伊万诺夫：《自由和悲剧生活：陀思妥耶夫斯基研究》，正午出版社，纽约，1959年，第3页。

② 如加缪的小说《陌生人》《布拉格》《堕落》。

③ 瓦尔特·考夫曼：《存在主义：从陀思妥耶夫斯基到萨特》，世界出版公司，纽约，1964年，第14页。

④ 转引自考夫曼上著，第52页。

⑤ 埃里克·勒夫特、道格拉斯·斯滕伯格：《陀思妥耶夫斯基对尼采〈拂晓〉前言的特殊影响》，《思想史杂志》，1991年，第442页。也见C.A.米勒尔：《尼采对陀思妥耶夫斯基的发现》，《尼采研究》，第二卷，1973年。米勒尔认为，尼采接着阅读了陀思妥耶夫斯基的其他小说至少三遍，很可能多达五遍；我们也能够在《道德的谱系》（1887年）中看到陀思妥耶夫斯基的影响。

⑥ 埃里克·勒夫特、道格拉斯·斯滕伯格：《陀思妥耶夫斯基对尼采〈拂晓〉前言的特殊影响》，《思想史杂志》，1991年，第460页。

⑦ 我确信，这一点把他与尼采拉近了。

⑧ 因为陀思妥耶夫斯基不相信人们能够通过理性和理智达到真理，这就可以理解他为什么反对传统的做哲学的方式。

⑨ 维亚切斯拉夫·伊万诺夫：《自由和悲剧生活：陀思妥耶夫斯基研究》，正午出版社，纽约，1959年，第3—4页。

目录 Contents

1

On Dostoevsky —— 哲学和小说

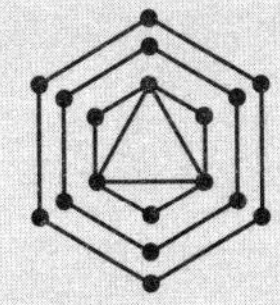

“你已触及到了问题的本质；你一下子就指出了主要的东西……我们试图用言辞来解释它，但是你，一个艺术家，通过一触、一击、一个形象，就点中要害，以致人们能够用自己的手去感知它，这样即使是最缺乏推理能力的读者也能够马上掌握一切！这就是艺术的神奇之处。这就是艺术的真理！这就是艺术家对真理的服务！”（批评家别林斯基，在读了陀思妥耶夫斯基的第一部小说《穷人》之后）[①]

历史上的几个重要哲学家——例如，柏拉图、休谟以及贝克莱，写了对话录，两个 19 世纪的哲学家——弗里德里希·尼采和索伦·克尔恺廓尔尝试了其他非传统的表达哲学论题的方式；[②]但是在大多数情况下，哲学家主要是用随笔的风格写作。在大多数哲学家那里，有这样一种感觉，认为哲学是一回事，小说是一回事。[③]他们对把那些其最著名的著作属于小说的范畴的人看作哲学家感到困惑。

在 20 世纪，让－保罗·萨特写了许许多多戏剧和小说，但是他也写了传统哲学文章，这些文章可能更广为人知，这也使得没有人怀疑他是个哲学家。另一方面，阿尔伯特·加缪和艾恩·兰德，虽然明显对哲学问题感兴趣，但被许多人认为不是哲学家，因为他们广为人知的事业是作家。但是他们在他们的小说中至少写了文章解释哲学。就 19 世纪的作家费奥多·陀思妥耶夫斯基而言，他的全部工作——除去《作家日记》这个例外——都是小说，所以把他看作一个哲学家甚至就更加困难了。

对哲学与小说结合的偏见来自统治了 20 世纪英美哲学思想的分析运动。按照分析的方法，人们应尽可能以不带感情的方式清楚地表达其观点，用论据来证明他们，界定关键词，并且考虑可能遇到的所有的反对意见。小说似乎不是完成这个任务的理想方式。

因此，以如下这样一些问题来开始陀思妥耶夫斯基哲学的研究就显得非常重要：有什么哲学上有价值的东西能够在小说中完成吗？如果答案是肯定的，那么在小说中进行哲学的探索有限度吗？人们能够通过小说的方式把哲学搞得像通过传统的方式那么好吗？它能否在小说中做得更出色？

有两个一般的论据可能会被拿出来以表明搞哲学与写小说是完全不相容的活动：首先，它可能会认为：顾名思义，小说是不真实的；而既然哲学关乎真理，哲学家就不能是小说家，而小说家也不能是哲学家。其次，它可能会认为，哲学家必须是清楚的，而小说在模棱两可（即不同的解释是可能的）时是最好的。所以，搞哲学与写小说是风马牛不相及的。

我们来看第一个论据，有必要问，在何种意义上，小说是不真实的？诚然，小说的确不是报告实实在在的行动。但是一部成功的小说，人物必须是可信的，他们所从事的行动必须是可能的。因此，所有严肃的小说作品必须做到一点——文学老师称之为故事的“主题”，我们会认为这一点给我们提供了某种关于生活的“真理”。

第二个论据似乎更为有力，我认为它的确指出了典型的哲学家的风格与典型的小说家的风格的差别。哲学家一般想尽可能直接和清楚地立论。如果他们知道他们的读者对他们所说的东西摸不着头脑，他们会难过的。而小说家，当他们的故事被不同的读者进行不同的理解时，通常是不会难过的，甚至当这些理解出乎他们的意料时，也是如此。对于想要表达的主题，他们也被告诫“展现，而不要讲述”。信息的传达应当间接地进行。

哲学家通常选择论文式的直接传达，以区别于小说写作的间接传达。论文式的写作尤其适合于大多数 20 世纪哲学家极端专业化的工作，他们缺乏写小说的天才和兴趣；但是对于某些类型的哲学工作来说，技巧高超的小说家的间接传达可能是有意义的，甚至是更好的。

小说中所追求的模棱两可并非与明晰性和一致性水火不容。小说中可能的多层意义每一层可能都是相当清楚的，而它们相互之间则可能是一致的。因此，加缪的小说《布拉格》能够既是对第二次世界大战的评论，又在更广泛的意义上，去探讨人们在被置于生活是“荒谬的”[4]这个根本情境下应该如何应对。同样，艾萨克·阿西莫夫的短篇小说《二百岁的寿星》[5]能够同时既是一部关于美国历史的小说，又可以去探讨应该用什么标准来决定人是否有道德权利。

能够给出的赞成通过小说来表达哲学思想的主要论据是：如果哲学被认为是与生活相关的——至少是“大的”哲学问题被认为如此——那么为什么不能够用逼真的情形来呈现它呢？比方说戏剧、小说或故事中的人物。哲学不应当是一种与世隔绝的学院式的劳作，而应当与生活相统一[6]，存在主义的这个观点可以被用来支持这个论据的主要前提。因此，萨特认为：

> （尽管）现时代所提出的问题能够通过哲学沉思被抽象地对待……但是我们（必须）维护通过想象的和具体的经验而进行的思想，这就是小说，因为，我们的目的是使那些问题变成活的问题。[7]

而在加缪看来，“小说只不过是将哲学置于虚构中”。[8]巴巴拉·博兰顿认为艾恩·兰德写的是小说，是基于以下原因：

她需要一个行为来把理论与其实际应用结合起来。这种渴望是小说对她保持持久吸引力的一个根本因素：小说使得更广泛的抽象原则与其在人的生活中的直接表达和应用结合起来成为可能，她想确定一个道德理想……并且通过小说去把那种理想生动地呈现出来。[9]

有三个理由可以进一步说明为什么把哲学和小说结合起来也许是个不错的主意：首先，当我们进入那些人物的内心时，小说允许我们体验不同于我们自己的视角，他们思考问题的方式与我们不同，他们有着非常不同的基本信仰，它也允许我们体验可能非常不同于我们自己的环境。一个巧妙的作家，当他有个重要的立论时，他能够有效地运用这一点让读者洞察到问题所在，而如果以理论讨论的方式，接受起来则要困难些。

其次，正因为在一部好的小说中论题的传达是间接完成的，读者必须积极地参与到推理过程中。他们必须自己得出恰当的结论，结果他们更可能把这个论题记在心上。珍妮特·伯罗威在她的著作《写小说》中，很好地概括了小说的这种特征。她说既然作者“让我们运用我们的感觉，让我们进行概括和阐释，那么我们将作为一个参与者以一种真正的方式介入”。[10]有点吊诡的是，人们甚至能够说，在小说中对一个论题的巧妙的间接表现，能够通过以一种直接的方式而不是理智来影响我们而更直接地传达这个论题。这解释了别林斯基的评论：陀思妥耶夫斯基能够作为“一个艺术家，通过一触、一击、一个形象，就点中要害，以致人们能够用自己的手去感知它，这样即使是最缺乏推理能力的读者也能够马上掌握一切”！

这把我们引向了为什么说把哲学和小说结合起来可能是个不错的主意的最后一个原因。一部好的小说在情感上的冲击可能要比传统的哲学著作更大；所以，尽管二者可能都提出了重要的问题，但是小说更可能使我们去想着回答它。例如没有一个以通常的论文方式写作的哲学家能够像陀思妥耶夫斯基的《卡拉马佐夫兄弟》或加缪的《布拉格》一样使我们感到恶的问题的分量。

即使是分析哲学家也已发现在他们的著作中一定程度地运用虚构是有益的。一些人已经引入一个故事提供一个反例来驳斥一个被普遍接受的观点：“大多数人相信如此这般，但是考虑到如下情形……”一个众所周知的例子是朱迪斯·贾维斯·汤姆逊用小提琴家的比喻来驳斥反堕胎的如下论调：如果胎儿是人，那么结束它的生命一定是错误的[11]。其他人则用了一个故事来使读者相信一个有争议的立场是可以辩护的。例如，乔纳森·本尼特用马克·吐温的《哈克贝利·费恩历险记》来让我们相信：当一个人处于一种道德诱惑的情境下，对我们来说，希望他做他倾向于做的事情，而不是他认为他应当做的事，这是可能的[12]。分析哲学家也已用了一些故事来阐明某些非常难以表达的东西。例如，安东尼·弗卢，R.M. 黑尔和巴兹尔·米切尔在一次“神学和谬误”的会议上阐明他们关于宗教信仰的本质的观点时都运用了寓言[13]。一些分析哲学家为了使它们更容易为学生和门外汉所接受，也用了故事和对话来探究哲学问题。好的例子有：约翰·佩里的《关于个人身份与不朽性的对话》,《关于善、恶的对话》《上帝的存在》，以及韦斯利·萨蒙的《遭遇大卫·休谟》[14]。

只要提出的哲学问题是影响我们自身或可能的存在物的生活的问题，小说对哲学的作用就不会有限度。近来，在科幻文学中已经发现了一些最富有哲学意味的小说[15]，这种文学阐明了能够在小说中处理的问题的广度。罗伯特·谢克莱的小说《第七个牺牲者》提出了这样的问题，即令人满意的成年人应当被允许做的事情是否有限度，要做的正当的事情是否是导致最好的结果的事情。罗伯特·海因莱恩的短篇小说《行尸走肉》(“*All You Zombies——*”）试图阐明时间之旅是可以理解的[16]。菲利普·迪克的《冒名顶替者》则使我们相信：从根本上说，由于在真实的记忆和表面的记忆之间存在着区别，个体自身可能并非处于最佳位置来认识他自己。海因莱恩的《他们》考察了认识论问题,包括他人心灵的问题。E.M. 福斯特的《机器停止了》探索了完全依赖于技术的世界的分支。艾萨克·阿西莫夫的短篇小说《二百岁的寿星》提出了如下的问题，什么是人？可以想象机器、机器人能够思考和有感情吗？以及就像我早先所提到的，应当运用什么样的标准来决定一个人是否有道德权利？

我将提到野心勃勃的20世纪哲学小说的另外两个例子：约翰·巴斯的短篇小说《夜海旅行》，选自《迷失在乐窝》，它通过对精子与卵子结合过程的关注，考察了试图证明我们的存在的不同方法。究竟何为生命？我们该如何活着？巴斯向我们提供了这些问题的标准答复，并批判了它们。最后但并非最不重要的是，萨特试图在他的小说《理性的世纪》中向我们呈现他的整个哲学。他向我们表明：我们的本质是自由，自由让我们所担当的，生活于欺诈中的人和生活于诚信中的人的典型，通过认识到人是自由的，人是怎样变得无力行动。这部小说也阐明了我们是社会存在物。他人对我们的看法在很大程度上决定了我们如何看待自己；他人倾向于给我们贴标签，我们通常会憎恨这种做法，因为我们知道我们是自由的，在死前，我们是不能被贴上标签的。

我确信，一部小说能够深富哲学意味，我也相信哲理小说比传统的哲学著作能够对读者有更大的影响。然而，我认为，真正伟大的哲理小说是非常罕见的。一个人必须有真正的写小说的天才，才能成功地做到这一点。在技巧不够高超的作家手里，总有哲学论题压倒小说的危险。一个人试图直接塞进小说中的哲学越多，产生好小说的可能性越小。这样的小说读起来像是一个试图把哲学与小说结合起来的哲学家的作品，而不是一个恰好也是一个哲学家的天才的小说家的作品。陀思妥耶夫斯基是恰好兼为哲学家的伟大作家的最好典范之一。

注释:

① 引自费奥多·陀思妥耶夫斯基,《作家日记》,1877年,节选,鲍里斯·布拉索尔、乔治·布拉齐勒(Boris Brasol, George Braziller)翻译,纽约,1954年,第587页。

② 除了柏拉图的许多对话外,还有休谟的《自然宗教对话录》,贝克莱的《希勒斯与菲洛诺斯的三篇对话》,尼采的《查拉图斯特拉如是说》,克尔恺廓尔的《非此即彼》。

③ 在本章中我表达的许多思想最初发表于我的论文《哲学和小说》中,见《元哲学》第23卷,1992年第3期。

④ 加缪通过"荒谬"一词主要是要表达这样两个相互关联的事实:生活本身是没有意义的,然而人坚持要赋予它一个意义。

⑤ 艾萨克·阿西莫夫(Isaac Asimov,1920—1992),美籍犹太人,20世纪最顶尖的科幻小说家之一,以他的名字为号召的《阿西莫夫科幻杂志》,是美国当今数一数二的科幻文学重镇。《二百岁的寿星》曾获代表科幻界最高荣誉的雨果奖和星云奖(最佳小说奖)。——译注

⑥ 在瓦尔特·考夫曼看来,存在主义的主要特征之一是"明显不满意传统哲学的肤浅、学院化和脱离生活",见考夫曼:《存在主义:从陀思妥耶夫斯基到萨特》,第12页。

⑦ 引自罗伯特·卡明:《极端条件下的文学》,《今日美学》,莫里斯·菲利普逊编辑,世界出版公司,1964年,第403页。

⑧ 引自《作家论写作》,乔恩·威诺克编辑,鲁宁出版社,费城,1986年,第38页。

⑨ 巴巴拉·博兰顿:《艾恩·兰德的激情》，纽约，1986年。

⑩ 珍妮特·伯罗威:《写小说》，第二版，波士顿，1987年，第80页。

⑪ 见朱迪斯·贾维斯·汤姆逊:《为堕胎辩护》,《哲学与公共事务》，第1卷，第1期，1971年。

⑫ 见乔纳森·本尼特:《赫克尔贝里·费恩的良心》,《哲学》，第49卷，1974年。

⑬ 见《哲学神学中的新论文》，安东尼·弗卢、阿拉斯代尔·麦金泰尔编，纽约，1955年。

⑭ 约翰·贝里:《关于个人身份与不朽性的对话》以及《关于善恶和上帝存在的对话》，哈克特出版公司，印第安纳波利斯，分别为1978年和1999年，韦斯利·萨蒙:《遭遇大卫·休谟》，见《理性与责任》，第三版，乔·费恩伯格编，沃兹沃斯出版公司，贝尔蒙特，CA，1975年。

⑮ 我提到的作为例子的这些故事，就像许多其他故事一样，可以在《哲学与科幻小说》（迈克尔·菲利普斯编，普罗米修斯丛书，布法罗，N.Y.，1984年）中找到。

⑯ 大卫·列维斯相信他是成功的。见大卫·列维斯:《时间之旅的悖论》,《美国哲学季刊》，第13卷，1976年。

2

On Dostoevsky —— 陀思妥耶夫斯基的生平

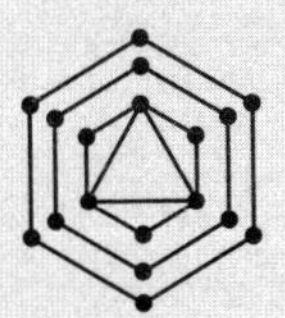

费奥多·米哈伊洛维奇·陀思妥耶夫斯基1821年10月30日出生于莫斯科一个医生家庭。在七个孩子中排行老二。他的父亲米哈伊·安德列维奇·陀思妥耶夫斯基在1812年波罗金诺战役之前，曾经应召入伍，那时他正在医药和外科学院学习。他在过分拥挤、污浊不堪的后方军队医院工作了许多年——实施了不计其数的手术，包括切断手术，直到1820年12月他以一级军医的衔位退役。那时他才30岁，但是由于他与战争牺牲者打交道的经历，他失去了对生活的所有兴趣。

1821年3月，医生被指派到马里因斯卡娅穷人医院任职，这是一家位于莫斯科最肮脏的地带之一的在构造上很华丽的建

筑。他和与他1819年结婚的妻子玛丽亚·费奥多罗夫娜·涅恰耶娃，带着他们的第一个儿子米哈伊，搬到由该家医院提供的一个寓所内。6个月后，费奥多出生了。另外六个孩子（其中一个只活了几天）在玛丽亚·陀思妥耶夫斯基去世前也相继出生了。玛丽亚·陀思妥耶夫斯基去世时年仅37岁，接连不断的怀孕和肺结核的折磨耗尽了她的生命。

陀思妥耶夫斯基的父亲——据说是个忠诚的有责任心的丈夫和虔诚的基督徒；但是也是一个多疑的、吝啬的酒鬼，脾气暴躁,严格地承担着他生活的责任——出生于一个旧贵族家庭。

在18世纪，这个家庭拒绝接受用罗马天主教来代替俄罗斯东正教，他们被排除在西方贵族阶层之外，变成了穷人。

陀思妥耶夫斯基童年的家庭氛围是郁郁寡欢的，只是由于他钟爱着的和有创造性的母亲，这种压抑的氛围才有所缓解。此外，来自邻村的奶妈们相继讲给他的美妙的神话故事，对一位阿姨的造访，以及与他的哥哥米哈伊——后来变成了陀思妥耶夫斯基最亲密的朋友和合作者——的友谊,都让他略感宽慰。

陀思妥耶夫斯基的母亲出身寒微——工匠和商人阶层——但是她自己的母亲，也就是陀思妥耶夫斯基的外祖母，出身于平民知识分子，即18世纪穷人阶层中受过教育的成员。陀思妥耶夫斯基的母亲喜欢诗歌，酷爱阅读小说，非常擅长音乐，有才能写美丽生动的信。她是她孩子们的第一个老师。

陀思妥耶夫斯基家里所雇用的奶妈，来自农奴阶级，因而无权，她们通过她们讲述的故事唤起了陀思妥耶夫斯基对纯朴的俄罗斯人民饱含深情、极富表现力的口头诗歌的兴趣。这在他后来的作品中结出了果实。

陀思妥耶夫斯基母亲的姐姐，亚历山大·库马宁，嫁给了莫斯科的一个富豪。通过她，陀思妥耶夫斯基认识到了商人阶级的价值：金钱等于权力，人们应当献身教会、忠于沙皇。陀思妥耶夫斯基无疑注意到了库马宁的生活方式与他自己家庭卑微环境的不同。前者住在富丽堂皇的房子里，摆满了各种昂贵的艺术品；房子坐落在悬崖峭壁上，可以鸟瞰河水流过；后者则如同他在医院的花园里遇到的病人的困境。

五花八门的书籍塞满了陀思妥耶夫斯基家的书橱，并满足着费奥多对文学不断增长的兴趣：《圣经》、18 世纪先锋作家安·拉德克利夫的“哥特式”小说、卡拉姆辛的 12 卷的《俄罗斯国家史》、普希金、莱蒙托夫、席勒的诗，特别是瓦尔特·斯科特爵士和尼古拉·果戈理的小说等等。

1827 年，陀思妥耶夫斯基的父亲擢升为学院财务评审的高级文职官员，财务评审相当于军队中的主修科目。这个衔位可以享有世袭的爵位，并拥有农奴和土地。1831 年，也就是陀思妥耶夫斯基 10 岁那年，他的父亲购买了达罗沃耶村庄，在莫斯科东南 75 英里，第二年他购买了临近切列莫西娜的小村。因此，陀思妥耶夫斯基家获得了一个大约 1400 英亩土地和 100 个农奴的庄园。这块土地没有河流和森林，土壤是贫瘠的，庄园里的房子是小的泥墙结构，农奴极端贫穷落后，正是在这个沉闷的庄园，陀思妥耶夫斯基度过他的假期。

陀思妥耶夫斯基的父亲和母亲在对待他们新获得的农奴问题上，态度上是不同的。父亲对他们滥用权力，经常鞭打他们，结果是农奴们恨他，并希望有朝一日报复他[①]。母亲则对他们很仁慈，并同情他们。从她那里，陀思妥耶夫斯基懂得了对被压迫者的同情和怜悯。

陀思妥耶夫斯基还知道另一个有关"被压迫者的朋友"的例子。即费奥多·彼得罗维奇·哈斯，他在 19 世纪 20 年代中期被指定为莫斯科的城市医生，之后在 1828 年，被任命为莫斯科监狱的首席医生。哈斯成功地把许多人性化的改革引入刑罚制度，他长途跋涉，陪同许多罪犯到达西伯利亚，并向他们提供衣物和钱财，1853 年作为一个令人敬畏的乞丐死去。他很可能是陀思妥耶夫斯基理想人的第一个模型；他作为《白痴》中的一个人物得到了简单表现。

陀思妥耶夫斯基医生亲自教他儿子们拉丁语，强迫他们在课堂上保持站势。后来他们由一个苏查德先生教授法语，这个苏查德先生开办了一个预备学校，他说服陀思妥耶夫斯基医生让他的两个大一点的孩子加入。因此，在 1833 年 1 月，米哈伊和费奥多开始加入德拉邱索夫学校。等级森严的气氛，连同野蛮的入学仪式，令陀思妥耶夫斯基十分茫然。他后来在其半自传的小说《少年》中描写过这一段经历。

1834年秋，兄弟俩转到利奥波德·切尔马克的寄宿学校。教员包括莫斯科的许多杰出的老师和学者，这所学校重在文学。陀思妥耶夫斯基的一个同学描述了这位未来的作家在当时的情景：

> 他是个严肃的、喜欢思考的男孩，长着一头金发，面色苍白。他对游戏并不很感兴趣。课间休息时他几乎不离开书本，即使偶尔丢开书本，也是在与稍大一点的同学谈话。[②]

陀思妥耶夫斯基在切尔马克学校的时期，也是俄罗斯文学的剧变时期：普希金在一次决斗中被杀死，莱蒙托夫被放逐到高加索，果戈理“怀着忧郁的心”[③]到了异国——陀思妥耶夫斯基意识到了他的使命。他后来回忆说当他15岁时，他第一次感觉到了灵感在涌动：“在我的灵魂中有一种火，我相信它；至于它究竟是什么，我并不十分在意。”[④]

在她的最后一个孩子出生后，陀思妥耶夫斯基母亲的肺结核恶化了。到1837年初，她再也没有离开她的小黑屋。她死于2月27日。她的死对于陀思妥耶夫斯基一家是灭顶之灾。库马宁一家带走了两个孩子抚养，并在经济上对其他孩子也给予资助。米哈伊和费奥多被他们的父亲带到圣彼得堡，在那里，费奥多被军事工程学院录取，这个学院位于巨大的米哈伊洛夫斯基宫殿中，沙皇保罗一世在1801年在此被刺杀；而米哈伊由于肺病，未被这个学院接收，被录取为工程军校的学员，后来被分派到塔林的波罗的海港的工程司令部。

在到首都的途中，费奥多所目睹的景象，让他终生挥之不去，这成了他后来《罪与罚》中的一个段落的灵感源泉⑤。

一天晚上，我们在一个村庄的一个车站、一个旅馆停了下来……那是一个大而富裕的村庄。在半个小时后，我们将继续我们的旅行，其间，我透过窗户观看，看到如下情形：

穿过马路，在旅馆的正对面，是车站。突然一个信使的三驾马车加速赶到站台；一个信使跳出车厢……这个信使是个高壮结实的小伙子，脸色青紫。他跑到站房,在那里,他肯定“吞下”一杯伏特加……

与此同时，另一冒失而勇猛的三驾马车赶到了邮局，马车夫，一个20岁左右的年轻小伙子，身穿一件红衬衫，手里拿着一件大衣，跳到了马车夫的座位上。信使闪电般地跑下楼梯，坐到了马车里。马车夫被激怒了，但是当他一开始挪动，信使就站了起来，一言不发地举起他的结实的右拳，从上面重重地落下砸在马车夫的后脑勺。他趔趄着向前，举起他的鞭子，使尽浑身力量，可怕的拳头一次次高举，击打在脑后。这样的行为一而再再而三地继续着，直到三驾马车消失在视野之外。当然，几乎不能保持平衡的马车夫像个疯子一样，一秒钟不停地鞭打着马，直到他把它们抽打得疯也似的飞奔起来。[6]

陀思妥耶夫斯基医生想让他的儿子在军事工程方面有成功的生涯，这个领域在当时被认为极其热门，因为许多要塞修建在国家的西部边界。然而，费奥多并无军事工程方面的天赋。他是个尽责的学生；但是他偏好的学科是文学、历史、绘画和建筑。他在工程学院时，他分外珍惜晚上的时光，因为在这时他能够写下“他早期困扰他的宏大主题的思考”:“人是一个必须被发掘的秘密！”[7]他也喜欢与伊万·尼古拉耶维奇·施德洛夫斯基交谈，这是他一系列哲学家朋友中的第一个，比他年长 5 岁，他们到圣彼得堡时，在一家旅馆里第一次相遇。

同时，陀思妥耶夫斯基医生将他的儿子们留在圣彼得堡之后，返回了莫斯科，并以身体欠佳为由辞掉了他的医生职务。他重返他的庄园,由一位先前的佣人和他的年幼的孩子相陪伴，这位佣人成了他的主妇。他经常酗酒,这使他的健康状况恶化，1839 年 6 月 8 日，在继续对农奴们施虐后，被他们公然杀死。库马宁一家承担起了抚养陀思妥耶夫斯基医生其他年幼的孩子的责任。当父亲去世的消息传到费奥多那里，他第一次发作了痉挛和昏厥，这种状况在很久以后被诊断为癫痫病。他明显地被他自己对他父亲的感情以及他父亲死后的氛围所困扰。他的女儿这样说：

> 他终其一生都在分析那次恐怖的死亡的原因。当他致力于描述费奥多·卡拉马佐夫时，也许他回忆起了他父亲的引发了他的儿子们如此多的痛苦并让他们感到恼怒的吝啬，以及他的酗酒和他赋予他的孩子们的身体上的急剧反应。⑧

在他修完了头3年的学院课程后，1840年，费奥多被允许与他的同学搬到一个狭小的、黑暗的、两个房间的公寓里。从他的一个妹夫那里——他成了陀思妥耶夫斯基医生庄园的管理者和他的两个年长的儿子的法律上的监护人——接受的收入补充着费奥多作为一个官员的花销，并使得他可以过一种积极的社会生活。然而由于他的大手大脚，陀思妥耶夫斯基经常发现他自己缺钱。这是一个终生困扰他的问题。这也许是对他父亲小气的逆反，也由于他几乎没有什么理财经验。他开始了一个借钱花钱的恶性循环，为了还债，他后来逐渐迷上了赌博。它似乎成了他冲动和情绪化的生活方式的一部分，这几乎把他逼到绝境，正如他后来所承认的那样："在每个地方和每件事情上，我都到了极限。我已经用我的全部生命穿越了最后的线。”⑨

1840年到1841年，陀思妥耶夫斯基致力于两个历史剧的创作:《玛丽亚·斯图亚特》与《鲍里斯·古都诺夫》。它们未能留存下来。1842年夏季，被准予一个月的假期后，陀思妥耶夫斯基用这段时间拜访了他的哥哥米哈伊和他的新的德国妻子。陀思妥耶夫斯基于1843年8月12日从工程学院毕业，接着他被分派到了圣彼得堡工程指挥部的绘图系。这种按部就班的工作对于“一个不能忍受其千篇一律的日程和生活日历而又有着强壮、热忱的灵魂的人”来说是枯燥乏味、令人生厌的，他在一封信中如是说⑩。陀思妥耶夫斯基继续过着一种信马由缰的社会生活，这使得他债台高筑。到1843年12月，他的财政状况已经如此糟糕，以致为了从他的姐夫那里换得一点蝇头小利而轻率地放弃了对他父亲庄园的要求。为了进一步增加他的收入，他翻译了巴尔扎克的《欧也尼·葛朗台》。

在他首次发表作品的那一年，陀思妥耶夫斯基被命令到一个偏远的要塞作一次大范围的旅行，这将使他离开写作长达七个月。他决定提交辞呈，全力以赴地投身于他的文学创作，1844年12月19日，他被免除了服役，连同陆军中尉的头衔。

陀思妥耶夫斯基开始创作他的第一部小说《穷人》，这是一部包含着重要的心理学洞识的“社会小说”。他后来说他“是饱蘸深情、几乎含泪写完这部小说的”。当他在 1845 年 5 月完成《穷人》后，他把手稿给了一个朋友，这就是作家德米特里·瓦西列维奇·格里高罗维奇，这位作家又反过来把它展示给尼古拉·阿列谢耶维奇·涅克拉索夫，这是位激进的诗人、记者和出版者。二人彻夜坐立，轮流把《穷人》读给对方。次日，涅克拉索夫又把它拿给著名的批评家别林斯基，并告诉他："一个新的果戈理诞生了！"别林斯基怀疑地对涅克拉索夫说道："果戈理在你们当中像蘑菇一样疯长！"但是在读完这部小说后，别林斯基着迷了。陀思妥耶夫斯基在《作家日记》中记述道，当他被带到这位批评家面前时：

> （别林斯基）眼放金光，急切地说："但是，你，你自己，明白。"他向我重复了几次，一边叫喊着，这是他的习惯——"你所写的东西！"……"对你来说，作为一个艺术家，真理已经被展现出来和宣布出来；它作为一件礼物来到你身边。这样，珍宝，你的天才，如果忠实于它，你就会成为一个伟大的作家！"[11]

陀思妥耶夫斯基永远没有忘记别林斯基的话。听到它们，是他生命中的一个转折点：

我感到我生命中一个庄严的时刻发生了，某种甚至在我最大胆的梦想中都不曾期望的事情。（在那些日子里，我是一个疯狂的梦想者。）“哦，我置身于如此伟大的真理中吗？”——在一种忐忑不安的痴迷状态中，我害羞地问自己……我会赢得这种赞扬！……这是我毕生中最激动人心的时刻。⑫

1846 年 1 月，《穷人》在涅克拉索夫的《彼得堡札记》中出版了。陀思妥耶夫斯基的第二部小说《双重人格》于 2 月初在当时主要的进步杂志《祖国纪事》上发表了。评论者对这两部著作都没有留下什么印象，甚至别林斯基对《双重人格》的反应也很冷淡。照阿尔巴·阿莫亚看来：“在根底上，别林斯基的说教的、社会主义的，以及现实主义的文学观显然有别于陀思妥耶夫斯基得更为浪漫和理想主义的态度。”⑬

在陀思妥耶夫斯基和别林斯基于 1847 年彻底断绝关系之前——部分是由于陀思妥耶夫斯基反感别林斯基的无神论——陀思妥耶夫斯基是欣然与别林斯基的圈子融为一体的。他应邀到伊万·伊万诺维奇·帕纳耶夫的家中，这是一位在 19 世纪 40 年代很时髦的小说家。在这里，陀思妥耶夫斯基经历了第一次爱情：“昨天，我第一次在帕纳耶夫的家中，我似乎爱上了他的妻子。”⑭ 帕纳耶夫美丽而聪慧的妻子对她的婚姻并不满意。她热爱生活，当他人开始取笑陀思妥耶夫斯基时，她表现出不同寻常的友好和同情。陀思妥耶夫斯基对她的迷恋在他的生命中是短暂而重要的。她很可能是《白痴》中的纳斯塔西娅·费利帕夫娜的灵感源泉。

由于总是缺钱，陀思妥耶夫斯基很快写了《普罗哈尔钦先生》《女房东》和几部短篇小说，大多数都发表在《祖国纪事》上面。他向他的哥哥抱怨道：

> 我何时才会从债务中脱身？作为一个计日工而工作太糟了。你会毁掉一切，包括才智、青春和希望，厌烦你的工作，最终成为一个文书，而非作家。⑮

尽管如此，陀思妥耶夫斯基还是对他的下一部小说《涅朵奇卡·涅茨瓦诺娃》充满了希望，他在这部小说上花费了一年的心血，他认为它会受到具有批评眼光的人的喝彩，并且会使他从财政紧张中恢复过来。小说的前两部分于1849年在《祖国纪事》的1月和2月号上发表。第三部分直到那年的5月份才出版，并且未署陀思妥耶夫斯基的名字。他在1849年4月23日被捕，并且由于涉嫌革命行动被监禁。

早在1846年春天，陀思妥耶夫斯基就结识了米哈伊·瓦西列维奇·布达舍维奇·彼得拉舍夫斯基，彼得拉舍夫斯基是法国社会哲学家查理斯·傅立叶的学生，是圣彼得堡以彼得拉舍夫斯基小组而闻名的阅读和讨论群体的领袖。1847年春天，陀思妥耶夫斯基开始参加小组的聚会，在聚会上，有关当时的事件和社会经济问题的各种不同观点都被讨论着。他被傅立叶的“爱人类”主张所吸引，认为通过书面和口头的言辞，是有可能实现他们共同的乌托邦梦想的。陀思妥耶夫斯基从来不认为暴力革命可以带来更美好的社会。

然而，到 1849 春天，由于几个欧洲国家发生了暴力革命，沙皇政府已经变得警觉，决定中止彼得拉舍夫斯基小组的活动，陀思妥耶夫斯基连同这个小组的其他 33 个成员被捕。陀思妥耶夫斯基的哥哥也在几天后被捕。在此之前已从政府机构退休并与其家人定居在圣彼得堡的米哈伊，也加入到了彼得拉舍夫斯基圈子当中。他被捕后很快获释，但是陀思妥耶夫斯基被囚禁在艰险的彼得和保罗要塞，进行了为期 4 个月的隔离审查。随后是持续了一个半月的审判，陀思妥耶夫斯基和另外 14 个人，被行刑队判处死刑。

尽管沙皇尼古拉一世 3 天后将判决改为在西伯利亚做 4 年苦役，另加数年的兵役，但这些囚徒当时并不知情。在一个多月的时间里，他们一直在等待着死亡。在沙皇的授意下，所有的死刑准备在 1849 年 12 月 22 日那天都完成了，但是就在行刑前的那一刻，囚徒们最终被告知他们获得了赦免[16]。无疑，如此接近死亡的一幕永远改变了陀思妥耶夫斯基的生活。尽管严酷的考验依然摆在他面前，陀思妥耶夫斯基还是在获释的那个夜晚给米哈伊的信中这样写道：

我的哥哥，我并未感到灰心丧气。生命无处不在。生命在我们自身之中而不是在我们自身之外。在我的旁边还有人们，重要的是，无论多么不幸，都不要绝望，不要倒下——这就是生活的目标，这就是它的目的。我现在认识到了这一点。这种思想已经进入到我的肉体和血液之中……生命是一个礼物；生命是幸福，它的每一分钟都可能是永恒的幸福。哥哥，我向你发誓，我不会丧失希望，我将保持我的精神和心灵的纯粹。⑰

两天后，当他被允许最后一次与米哈伊会面时，他安慰哥哥说：

我不是去往我的坟墓，你不是送我进棺材。他们不是监狱里的动物，他们是人，也许比我还好些。当我出来时，我将开始写作。在这几个月的时间里，我经历了许许多多的事情；在我自己身上，我经历了许许多多，我希望我会看到和听到更多的——这样，我会有大量写作素材。⑱

第二天，在圣诞节前夕，陀思妥耶夫斯基和他的狱友们戴着脚镣开始了通往西西伯利亚的托波尔斯克的2000英里的旅程。在到达了托波尔斯克的中转监狱之后，陀思妥耶夫斯基逆厄尔提希河继续前行 500 英里，被投放到奥姆斯克的监狱。在那里，他与普通的小偷和杀人犯共同劳动了 4 年，他们对作为贵族中受过教育的一个成员的陀思妥耶夫斯基深表同情。他对他哥哥讲的话是可信的，在这种体验中他能够发现他后来的许多小说——尤其是《死屋手记》——的素材，在这部小说中，他说：让他挺过那些可怕岁月的“只是一种对复活、对新生、对新的生活的强烈渴望”。对他来说，最难熬的事情是既不能写又无书可读。当他在奥姆斯克时，只允许读一本《新约》。

在 1854 年 1 月底，陀思妥耶夫斯基被卸去了脚镣并被送往谢米帕拉金斯克，一个靠近中国边界的偏远小城，作为西伯利亚军团第七路军队的一个士兵服役。又允许阅读和写作了，陀思妥耶夫斯基写信给他的哥哥,给他开列了一个长长的书单，请求他将这些书送来——包括康德的《纯粹理性批判》和黑格尔的《哲学史讲演录》——他开始写作《死屋手记》了。

在谢米帕拉金斯克时，陀思妥耶夫斯基迷恋上了美丽而聪明的玛丽亚·德米特里耶维纳·伊萨耶夫，一个已失掉了工作的酗酒的海关官员的妻子。在她的丈夫最终在库日涅茨克找到了另一份工作后，伊萨耶夫离开了谢米帕拉金斯克，陀思妥耶夫斯基陷入了痛苦之中。玛丽亚的丈夫于 1855 年 8 月去世，剩下她和她的一个年幼的儿子留在一个偏远的小城，饱受着肺炎的折磨。陀思妥耶夫斯基尽其所能来帮助她。当她考虑嫁给一个年轻的教师时，陀思妥耶夫斯基绝望了，他想他可能会失去这个对他如此重要的女人。部分地出于使自己成为一个合适的婚姻候选人的原因，他写信给爱德华·托特列本，一个他在工程学院时就相识的熟人，其时已成为沙皇的侍从武官，陀思妥耶夫斯基请求他帮助结束对他的以一个地位卑微的士兵服役的无限期判决。新的更为开明的沙皇亚历山大二世决定把陀思妥耶夫斯基的衔位提为少尉。

随着他前景的光明，玛丽亚同意嫁给他。唯一的障碍是举行婚礼所需要的钱以及家庭的日常开销，他试图从朋友和不喜欢的亲戚那里获得帮助。他们于 1857 年 2 月 6 日在库日涅茨克结婚了。在返回谢米帕拉金斯克的途中,陀思妥耶夫斯基“真正的癫痫症”发作了,这是医生作出的诊断,他的妻子吓坏了,并且对陀思妥耶夫斯基的未来产生了新的疑虑。1859 年 3 月，陀思妥耶夫斯基由于身体原因，获准免除军役。他以第二陆军中尉的衔位被发给抚恤金，但是他也被永远置于警察的监管之下。起初，既不允许陀思妥耶夫斯基住在莫斯科，也不允许住在圣彼得堡，后来，在 12 月中旬，他又被允许返回圣彼得堡，这时距他的流放生涯开始已有 10 年。

与此同时，陀思妥耶夫斯基又开始写作了。1859 年，两部短篇小说出版了；1860 年,《死屋手记》的第一部分在《俄罗斯世界》报发表了。1862 年,《死屋手记》的最后一部分在《时代》发表了，并且重印了第一部分，这份刊物是 1860 年由陀思妥耶夫斯基兄弟们创办的。其间，陀思妥耶夫斯基还出版了《被侮辱的与被损害的》，这部小说处理的是社会不公问题，1861 年发表于《时代》的最初 7 期。

陀思妥耶夫斯基与玛丽亚的婚姻证明并不很幸福，尽管他并不愿意与这个正身患肺病死期将近的女人离婚，他依然以自己的方式爱着她。1860 年，陀思妥耶夫斯基结识了天才的舞台演员亚历山大·舒伯特，这个女人吸引他部分是因为她的父母是农奴。这导致了他日益强烈的信念："俄罗斯的救赎在于大地和（普通的）人民。"[19]1862 年，在经历了失望的欧洲夏日之旅[20]归来后，陀思妥耶夫斯基开始了与年轻的女权主义者阿波利纳里亚（波利纳）· 苏斯洛娃的癫狂的关系，苏斯洛娃也是一个被解放的农奴的女儿，她最初是崇拜这个为了其思想而遭遇了这么多苦难的著名作家。然而，很快这种关系就变成了"爱恨交织"，到 1863 年秋，在陀思妥耶夫斯基跟随波利纳先后到了巴黎、意大利和德国后，这种感情基本上已经结束。然而，仍然可以说，"阿波利纳里亚·苏斯洛娃在陀思妥耶夫斯基的生命中是最强烈的感情"。[21]后来，他们又联系了很多年，在他的妻子于 1864 年 4 月 15 日去世后，陀思妥耶夫斯基向她求婚。

1863 年陀思妥耶夫斯基的欧洲之旅为他将来的一部小说——《赌徒》——提供了灵感。在那次旅途中，他经常赌博。在 1863 年秋在维斯巴登的一次经历后，伴随着他设计的"方法"

的首次成功，他写信给他的哥哥：

> 告诉我，在此之后，我怎么能够控制住自己？我怎么能够不相信“如果我严格地遵照我的方法，我将把命运掌握在我的手里”？我是如此地需要钱。为我，为你，为我的妻子写一部小说。这里的人们甚至一动不动就赢了几万。是的，我带着拯救我们全部和保护我自己免于灾难的希望前进。[22]

然而，1863 年 5 月，沙皇命令《时代》停止出版，起因是该刊发表了一篇涉及最近波兰起义的有争议的文章；但是很快又同意创办一份新的杂志《新纪元》(*Epoch*)。陀思妥耶夫斯基的《地下室手记》——在这部小说中，陀思妥耶夫斯基反对在青年时期吸引过他的社会主义——发表在 1864 年 3 月和 6 月刊上。

不幸的是，陀思妥耶夫斯基的哥哥米哈伊于 1864 年 7 月 10 日去世，这时距陀思妥耶夫斯基的妻子去世仅仅 3 个月，这让陀思妥耶夫斯基陷入绝望中，米哈伊的遗孀和孩子们等着他来“拯救”，杂志也陷入深重的债务中。而陀思妥耶夫斯基的朋友和同事阿波伦·格利高尔耶夫也于那年的 9 月去世，更是雪上加霜。

债主要把他投入监狱的威胁笼罩着他，陀思妥耶夫斯基从他已年迈的姑姑亚历山大·库马宁那里借了一万卢布，但这仍然不够。到1865年秋，《新世纪》停刊了。陀思妥耶夫斯基决定到国外，那里可以远离债主，专心致志地从事写作。但是当他在维斯巴登因为赌博输掉了所有的钱后，情况变得更糟了。

在这种赤贫状态下，陀思妥耶夫斯基构思了他的最伟大的小说之一:《罪与罚》。他写信给《俄罗斯信使》的编辑米哈伊·尼基佛罗维奇·卡特科夫谈了他的想法：

> 它是对犯罪的心理学描述。行动是当代的，就发生在今年。一个小资产阶级出生的年轻人被从大学驱逐出来，生活在极端贫困之中。由于在他的精神世界中，缺少严肃性和稳定性，他相信了某种在当时的氛围中显得奇怪的不成熟的思想，决定一下子逃离他的恶劣处境。他决心谋杀一个放贷取利老妇人，她是一个有名无实的议员的遗孀。他要用那钱让他住在省里的母亲享福，他还力图把他的受雇于地主家庭的妹妹解救出来，以免遭由于房主色迷迷的眼光而带来的彻底毁灭的危险。然后，他将完成他的研究，到国外，他的余生将是诚实的、稳定的、光明正大的，以此来实现他“对人类的人道主义职责”，这样，他也就当然“赎了他的罪”，如果罪这个词确实能够被应用到他反对一个既聋且笨、既恶

且病，不知道自己究竟为何而活着，而且也许有可能在一个月后自然死亡的老妇人的行动中……由于好运相伴，在这桩行动中，他很快成功了……但是（随后）无法回答的问题在这个罪犯的心头涌起，始料未及的情绪折磨着他的心。上帝的真理和地球的法则开始发挥它们的作用，最终他产生了内在的冲动去忏悔……[23]

卡特科夫为这篇小说预付给陀思妥耶夫斯基 300 卢布，这暂时把他从生活困窘中解救出来。1865 年的整个秋天直至第二年，他一直忙于这部小说。《罪与罚》发表于《俄罗斯信使》，贯穿于 1866 年始终。

陀思妥耶夫斯基还得致力于《赌徒》的写作，这部小说的最后期限是 1866 年 11 月 1 日，出版商费奥多·基莫费维奇已在 1865 年夏预付给他稿酬，到 1866 年 10 月初，他还没有写一行。一个朋友向他建议雇一个懂速记的秘书来把这部小说口授给她。这样，1866 年 10 月 4 日，21 岁的安娜·格利高尔也夫纳·斯尼特基娜走进了他的生活，并且成为了他的第二个妻子。50 年后，她提到她对陀思妥耶夫斯基的第一印象：

任何语言都无法表达在第一次见面时米哈伊洛维奇给我留下的阴郁而悲惨的印象。我想，他似乎心不在焉、焦虑万分、孤独无助、性情暴躁，简直像个病人。由于某种不幸，他神色如此憔悴，以致他看不到别人的脸，也不能够进行连贯的谈话。㉔

并肩作战，《赌徒》如期完成了，他们继续合作《罪与罚》余下的部分。陀思妥耶夫斯基发现自己越来越离不开安娜。1866 年 11 月 8 日，也就是他们相遇刚刚一个月之后，他决定向安娜求婚。他一直渴望再婚，并且在安娜·斯尼特基娜答应了他的求婚之前已经向四位女性求婚——波利娜，安娜·科尔文－科鲁洛夫斯卡娅，玛丽亚·谢尔盖耶夫纳－皮萨列娃，以及伊列那·帕夫洛夫纳·伊瓦诺娃㉕。他们于 1867 年 2 月 15 日结婚了。

尽管陀思妥耶夫斯基现在娶了一位善于理财——这是陀思妥耶夫斯基总也干不好的——的非常能干的女人，但是他仍然限于深重的债务中。在将财物几乎典当一空后，陀思妥耶夫斯基再一次不得不离开彼得堡去欧洲躲避他的债主，这一次还有他的妻子陪同。他们在欧洲度过了四年之后结束了旅程，先是住在德累斯顿，后又到了巴登－巴登，在那里陀思妥耶夫斯基又赌瘾发作。对于陀思妥耶夫斯基一家来说，这是一个极其糟糕的时期，因为陀思妥耶夫斯基经常疾病发作。安娜由于怀孕而呕吐，他们处于绝对贫困之中。

1867—1868 年的冬天是在日内瓦度过的，他忙于《白痴》

的写作，这部小说的主人公梅什金公爵是陀思妥耶夫斯基完人的代表。这部小说的几章开始发表于 1868 年 1 月的《俄罗斯信使》上。

另外三件重要的事情发生于日内瓦。第一，陀思妥耶夫斯基参加了日内瓦大会，在那次大会上，巴枯宁“号召毁灭宗教与爱国主义的钢铁似的语言深深地刺痛了他的心”。[26] 第二，陀思妥耶夫斯基的第一个孩子桑亚——根据他的最喜欢的外甥和《罪与罚》中的女英雄起的名——于 1868 年 3 月 5 日出生了。在他后半生，已 46 岁的时候，体验到了做父亲的快乐。然而，最后一个事件是糟糕的。桑亚于 5 月 24 日死于肺炎，这时距她出生还不足 3 个月。陀思妥耶夫斯基悲痛欲绝。他和他的妻子离开日内瓦去了维维伊，在那里他们度过了夏季；后来于 9 月初他们又到了意大利，在那里完成了《白痴》。

那个春天，他们去了布拉格，但是在那里没有找到布置好的房间可以租用，陀思妥耶夫斯基一家就去了德累斯顿，在那里，他们一住就是近两年。他们的第二个女儿留波夫于 1869 年 9 月 14 日出生在那儿。在德累斯顿期间，陀思妥耶夫斯基开始构思一部巨著，书名暂定为《一个大罪人的生活》，原打算篇幅至少相当于列夫·托尔斯泰 1868 年的小说《战争与和平》那么长，灵感部分是由于乔治·桑的小说《斯皮里底翁》激发。陀思妥耶夫斯基很可能是在 40 年代第一次读到的这部著作，提出了一直吸引陀思妥耶夫斯基的问题：社会主义与基督教之间的争论。尽管陀思妥耶夫斯基一直未能完成整个规划——应包括五部独立的小说，跨越俄罗斯历史的 30 年，被一个普通的英雄贯穿起来——但是它为陀思妥耶夫斯基最后的三部小说提供了素材，这就是:《群魔》《少年》和《卡拉马左夫兄弟》。

陀思妥耶夫斯基一家在欧洲的最后一年是在恶劣的环境下度过的。在 1870 年普法战争的整个过程中，他们是在德国度过的。不过，陀思妥耶夫斯基还是开始写作政治小说《群魔》，这部小说基于“涅恰耶夫事件”，讲的是俄罗斯的一个激进的学生，他由于不服从命令被他的同志们杀了。小说于 1870 年初开始在《俄罗斯信使》发表。也是在这年，即 1871 年 4 月，陀思妥耶夫斯基经历了一次私人的胜利，在维斯巴登的一次惨败之后，他终于能够戒赌了。

1871 年 7 月，陀思妥耶夫斯基一家返回俄罗斯。仅仅一周之后，即 7 月 26 日，他们的第一个儿子费奥多降生了，尽管仍然负债，但家庭的经济状况逐渐改善了，因为陀思妥耶夫斯基已经放弃了赌博，而且他的作品更为成功了，当然也得感谢他的妻子对收入的良好管理。他们能够在斯塔拉亚 · 罗萨度夏了，这是诺夫哥罗德省的一个温泉区。

现在,陀思妥耶夫斯基受到了保守派的欢迎,因为他在《群魔》中明显批评了自由派。梅希切尔斯基请陀思妥耶夫斯基作《市民》的编辑，这是他于 1873 年创办的一份保守派周刊。他接受了这份工作，而这份刊物则成了他的几部短篇小说以及他称之为《作家日记》的系列随笔发表的窗口。在这个系列里，陀思妥耶夫斯基创造了文学刊物的一种新形式，包括回忆录，对当代事件，甚至“偶然故事”的讨论。

与梅希切尔斯基哲学上的分歧，审查问题，以及陀思妥耶夫斯基对重新写作小说的渴望，使得他于 1874 年 3 月从编辑岗位上退了下来。然后，他写作《少年》，这部小说于 1875 年初开始发表于《祖国纪事》上。同年 8 月，陀思妥耶夫斯基的第二个儿子阿尔约沙，也就是他的最后一个孩子，降生了。《作家日记》于 1876 年初作为一个独立的专刊被重新发表了。

陀思妥耶夫斯基的晚年不像早年那样事件不断。他享受着家庭的幸福与他来之不易的成就，他的创造天才达到了顶峰。1878 年夏，他开始写作他的伟大的巨著《卡拉马佐夫兄弟》，这是“一部综合小说，几乎概括了作家的全部工作，致力于体现他的全部最珍贵的思想”[27]。《卡拉马佐夫兄弟》发表于 1879 年至 1880 年的《俄罗斯信使》上。

尽管他的健康状况在恶化，陀思妥耶夫斯基还是赶到莫斯科于 1880 年 8 月在纪念普希金的重要场合发表了演讲。在他热情洋溢的演讲中，陀思妥耶夫斯基强调了像普希金这样的艺术天才对人类未来的重要作用，认为知识分子能够从“与普通人民的谦卑的交往”中受益，并且展望了未来的普遍和谐。格莱伯·乌斯朋斯基在他的论文《纪念普希金》中，提到了陀思妥耶夫斯基受到的礼遇："陀思妥耶夫斯基讲完的那一刻，观众给了他——欢呼，而不是语言——他们进入了狂热的崇拜状态。"[28]

1881年1月28日，陀思妥耶夫斯基在断断续续地出了两天血之后，与世长辞了，起因是由于继承权问题而与其最喜欢的妹妹发生的争吵。他被埋葬在亚历山大·涅夫斯基修道院的季赫温公墓，庞大的人群出席了他的葬礼。在陀思妥耶夫斯基晚年与其过从甚密的弗拉基米尔·索洛维约夫说："俄罗斯不只失去了一位作家，她失去的是她的精神领袖。"他进一步说：

> 当我们在对他的热爱中团结起来时，让我们尽我们所能去注意：这种爱也能够有助于我们的和解。只有那时，我们才能够给俄罗斯人民的领袖某种东西，来回报他的著作和他的伟大的苦难。[29]

然而这并没有实现。仅仅一个月后，沙皇亚历山大二世死于革命者之手。

注释：

① 我们应当注意到，在《卡拉马佐夫兄弟》中，切列莫西娜被提到为放荡和残忍的父亲费奥多·卡拉马佐夫所占有。

② 引自列昂尼德·格罗斯曼：《陀思妥耶夫斯基传》，玛丽·迈克勒译，波波斯－梅里尔公司，纽约，1975年，第19页。

③ 同上，第 19 页。

④ 同上，第 19 页。

⑤ 拉斯科利尼科夫梦见了一匹被折磨的农家驽马，在它的暴怒的主人的抽打之下死去。

⑥《作家日记》，1876 年，第 185 页。

⑦ 格罗斯曼:《陀思妥耶夫斯基传》，第 29 页。

⑧ 同上，第 42 页。

⑨ 同上，第 49 页。

⑩ 引自阿尔巴·阿莫亚，《费奥多·陀思妥耶夫斯基》，绵延出版公司，纽约，1993 年，第 25 页。

⑪《作家日记》，第 587 页。

⑫ 同上，第 587—588 页。

⑬ 阿尔巴·阿莫亚:《费奥多·陀思妥耶夫斯基》，第 29 页。

⑭ 引自他的《书信集》，同上，第 28 页。

⑮ 同上，第 29 页。

⑯ 陀思妥耶夫斯基把他的临死的煎熬写进了《白痴》中，写进了梅什金关于他所知道的政治犯的故事。

⑰ 引自列昂尼德·格罗斯曼:《陀思妥耶夫斯基传》，第 163—164 页。

⑱ 据当时在场的亚历山大·米留科夫叙述。同上，第 165 页。

⑲ 同上，第 272 页。

⑳ 在《冬天里的夏日印象》(发表于 1863 年的《时代》)中他写到了这次旅行。在这次旅行中，他对伦敦进行了简短的访问，陀思妥耶夫斯基看了“水晶宫”展览，对他来说，这成了在西方物质文明中他所痛恨的一切的象征。尤其参见《地下室手记》。

㉑ 格罗斯曼:《陀思妥耶夫斯基传》，第 292 页。

㉒ 同上，第 296 页。

㉓ 同上，第 349—350 页。

㉔ 同上，第 394 页。

㉕ 安娜·科尔文－科鲁洛夫斯卡娅曾给《时代》写过两篇小说，他在 1866 年夏天对他的姐姐维拉·伊瓦诺娃及其家庭的延长访问中，遇到了后两位。

㉖ 格罗斯曼:《陀思妥耶夫斯基传》，第 431 页。

㉗ 同上，第 575 页。

㉘ 同上，第 598 页。

㉙ 引自盖尔·科杰查:《费奥多·陀思妥耶夫斯基：一个作家的生平》，纽约，1987 年，第 376、382 页。

3

On Dostoevsky —— 《双重人格》和《地下室手记》

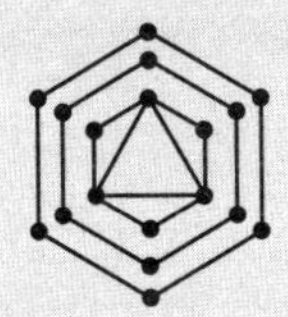

这个人正走在毁灭的路上，他正在失去他的身份。他几乎不能控制自己……（《双重人格》[①]）

一个人，不管他是谁，总是和到处喜欢按照他喜欢的方式行事。……无论如何，他要保存对他来说珍贵的和极其重要的东西，那就是他的人格和个性。(《地下室手记》[②])

在前两部我将要讨论的作品《双重人格》(1846年)和《地下室手记》(1864年)中，陀思妥耶夫斯基开始对这个问题明确作出回答：什么是人的困境？他对这个问题的回答给了我们一块基石，陀思妥耶夫斯基的全部哲学都立足于其上，这个回答在《双重人格》中只是部分地给出，而在《地下室手记》中才更为完整地呈现出来。

1877年11月，已经是写完《双重人格》多年之后，陀思妥耶夫斯基写道：尽管这部早期的小说存在“形式”上的问题，但是“它的思想是相当明晰的，在我的作品中，我从未更严肃地表达过任何东西。”[3]这部小说是关于一个普通的办公职员的，其名字是雅科夫·彼得罗维奇·高略德金，一个有名无实的顾问，他的工作是抄写办公文件，在真实的自我双重化（至少在身体上）开始出现在他的生活中之后，他逐渐精神失常。

在这之前，高略德金显然是他的同事们取笑的对象。他太热衷于取悦他人，一个胆小鬼，一个婆婆妈妈的人，喜欢把自己失败的责任推到他人身上。他痛恨这些品质，但却没有看到他自身就有这些品质。在小说的开头，他似乎自满自足。在这部小说的首页，我们被告知：当高略德金闲来看着镜中的自己时，“其主人显然十分满意他所看到的一切”。

后来，当他在一个生日晚会上遭到嘲笑、羞辱以及肉体驱逐时，他的自尊被摧毁了。这个生日晚会是为祝贺克拉拉·奥利苏菲耶芙娜而举行的，她是德高望重的国家议员奥利苏菲·伊万诺维奇的女儿，也是他暗中希望娶到的女人。他十分注意自己的表现，为他的佣人租了一身制服，整整一天都雇着一辆奇异的马车，仅仅为了结束时“倒在椅子上，全然不觉得恐惧”。

在晚会的惨败之前，已有迹象表明一切似乎不妙，甚至可能加倍的糟糕。那天早上在遇到他的老板时，他正坐在与他的社会地位不相符合的马车里，高略德金不知所措：

高略德金先生看到：安德烈·菲利波维奇无疑已经认出了他并且使出全身力气盯着他，以致他不可能再隐藏下去，脸红到了耳根："我应当鞠躬吗？我应当与他讲话吗？我应当承认我们认识吗？"我们的英雄陷入了难以言状的苦恼中，"还是我应当装作不是我，而是长得极其像我的其他人，从而若无其事一般"？④

就在这个插曲一结束，高略德金很突然地决定造访他的医生，克里斯蒂安·伊万诺维奇·卢滕斯皮兹。这次访问中，他极其狼狈，医生告诉他："你需要对你的整个生活进行根本的改变，在某种意义上，这是一种性格的改变。"高略德金甚至在医生的办公室似乎就处于两种人格转变的边缘：

……高略德金先生正经历一种奇怪的转变。他的灰眼睛闪着奇怪的光，他的嘴唇抽搐着，他脸上的每块肌肉和每个特征似乎都处于流动中。他从头到脚都颤抖着。⑤

这次访问结束时，高略德金故意误解了医生问的一个问题，这个问题是关于他"从前住在"哪里的，他回答如下：

“克里斯蒂安·伊万诺维奇，我现在活着，我甚至从前就活着。我一定活过，不是吗？”高略德金回答道，边说还边带着一丝笑，克里斯蒂安·伊万诺维奇对他的回答有点惊慌。⑥

联系到高略德金在这次对医生的即兴访问中的其他奇怪举动，这似乎已不仅是幽默，特别是考虑到高略德金平时并不是那种幽默的人。直到那一刻，他似乎一直在怀疑他的存在，并准备铸造一个新的身份。仅仅几句话之后，当他离开医生的办公室时，我们被告知：高略德金“意识到了他的自由”。

这一整天，他继续做着各种怪异的举止。当他从他的办公室跑到一个饭馆的职员们那里，他们问他为何“洒着香水打着头油，全副武装”，他的回答是：

“因为我选择，先生！这就足够了……你们都知道我，先生们！但是直到现在，你们只知道我的一个方面。没有人为此负责，我承认这部分是我的过失。”⑦

在去往晚会的路上，“他在非常紧张地准备着什么，几乎一言不发……”当他到达晚会地点时，他被拒之门外，他采取各种方式强行进去，随后又认识到他这样做是不合适的：

高略德金先生发现自己恨不得与自己的马车一起马上钻到地下把自己藏在嘴那么大的洞里。他觉得奥利苏菲·伊万诺维奇房子中的每一样东西都在透过窗户盯着他。他知道如果他转身，他当场就得死去。[8]

高略德金开始离开，先是停下来站在后墙的一个角落里。他想了想是否返回晚会，但是经过一分钟的自我开导，他自言自语道：

不，一个像我这样的人物，进去又有什么用？我是一个精神上多么卑鄙的东西！我像兔子一样跑。胆小是我的专长！卑微的举止是我的专长，这是毫无疑问的。[9]

然而，他突然“向前面走去，好像有人碰了下他身上的发条”，走到客人们集合的舞场，使劲自嘲了一番，引得自己被从屋子里驱逐出去。

可以看得很清楚了，高略德金不再能够与那个以如此不体面的方式结束了自己存在的自我生活了，结果，他“发明”了一个双面人，他把他所渴望的所有特点都赋予了这个双面人。他试图坚持把自己作为一个有着相反的、“优良”品质的人的形象：

这样，他就成了一个恶棍，而我是诚实的，人们会说："那个高略德金是一个恶棍，别理他，不要把他与另一个混淆；这个是诚实的、善良的、文雅的、在工作中完全值得信赖的，应该得到提拔"，——那就是他的样子！⑩

然而，一场战斗就在这两个"自我"之间发生了——小高略德金阻挠大高略德金试图做的每一件事情——最后在高略德金被拖到精神病院中达到极致。

别林斯基批评《双重人格》不够现实。特别是，他困惑于这样一个事实：高略德金没有很好的理由如此自寻烦恼、如此举止怪异。不像陀思妥耶夫斯基第一部小说《英雄》中的主人公，高略德金有很好的工作和足够的钱：

他能够很舒服地生活在这个世界上。但是对侮辱的病态的猜疑和敏感是他性格中黑暗的魔鬼，而这些魔鬼制造着他存在的地狱。⑪

同样，另一个批评者 N.K. 米哈伊洛夫斯基抱怨说：

为什么要出现第二个高略德金？他出现在《双重人格》所表现的那个生活角落，是没有令人信服

o 的理由的。小高略德金被生拉硬扯进来来反对活的真理。[12]

这些评论表明了关于人类困境的早期观点和新近出现的存在主义观点的区别。早期观点最清楚地表达在约翰·洛克（1632—1704）的哲学中，他认为人之初，大脑是一块白板，后来才逐渐填充了人在其生命当中所具有的经验。因此，人是由他们的环境创造的。从根本上说，人在这种过程中扮演的是一个消极的角色。[13]

18世纪末，这种观点开始改变了。当时，伊曼努尔·康德（1724—1804）把焦点从外在世界转到在其中感觉和行动的主体上。这就是他在哲学中的“哥白尼革命”。康德给了我们一种新的思维观，这种观点认为，思维通过直觉形式的内在结构和知性范畴积极地构造它所经验的，所谓直觉形式，即指一切都在三维空间和二维时间中被感知；所谓知性范畴，最重要的是因果关系，指每件事情必定有个原因。尽管在哲学上康德前所未有地强调了主体的重要性，他仍然以通常的方式对主体感兴趣。在康德看来，我们都拥有同样的感知器官。他进一步认为，在伦理问题上，我们都应当达到同一个正确的思维方法。康德的哲学不允许个体差异。

在19世纪，有三个人通过自己的著作独立地把康德的内在转向进一步推进了。首先，索伦·克尔恺廓尔（1813—

1855）完成了向激进主体性的运动，这构成了20世纪存在主义哲学的基础。克尔恺廓尔拒绝以全体的方式提到个体。他相信我们每个人都有自由选择我们相信什么以及我们如何证明自己生命的合理性[14]。19世纪后期，弗里德里希·尼采（1844—1900）补充了一股内在的推动力:《权力意志》，解释了为什么我们如此行动和感知这个世界。他也认为有两种非常不同的人。有一种人生来就意志坚强（主人），他们的权力意志采取了这样的形式：试图最大程度地使用他们自己的能力，在此过程中，他们创造了他们自己的价值。也有不计其数的人意志薄弱（奴隶），他们的权力意志采取了这样的形式：联合起来想方设法推翻其意志力量让他们害怕和嫉妒的主人，以便他们能以这种消极的方式提高他们自己相对于主人的地位。

就像我们将要看到的那样，陀思妥耶夫斯基接受了那种克尔恺廓尔认为我们每个人都有而尼采认为只有主人才能够拥有的激进主体自由。他似乎也接受了一种内在驱动力来解释人的行为，这有点类似尼采的权力意志，但是对陀思妥耶夫斯基来说，它是至关重要的对自我尊重的渴求，陀思妥耶夫斯基对这些观点进一步补充了新的东西，这就是在每个人自身中有渴求，有特性，它们彼此战斗[15]。因此，当陀思妥耶夫斯基观察自我时，他发现的不是简单性，而是复杂性。主体的观点不是简单的观点。在陀思妥耶夫斯基看来，它是人类所面临的问题的主要根源。他还引入两种后来在让－保罗·萨特的哲学中变成重要主题的观点:（1）既然我们是社会生物，那么，其他人对我们的看法就影响我们如何看待自己，不论这种影响好坏。所以，对陀思妥耶夫斯基来说，在决定我们是否有自尊的问题上，他人是起作用的。（2）我们有一种否定我们自由的倾向，以便逃脱与之相联系的责任的负担。（这先于萨特的不诚实的概念。）

让我们回到《双重人格》。在高略德金感觉到需要创造一个双重人格的背后，有一些驱动因素：高略德金自身中有一些彼此冲突的冲动，他无法协调它们从而把它们整合为一个单纯的自我[16]，他不愿意看到反射在别人眼中的自我。他已经丧失了他的自尊。这些因素不同于别林斯基和米哈伊洛夫斯基所期望的，他们认为，只有将一个正常人逼疯时，才需要这些因素的出现。在他们看来，只有可怕的贫穷或者他人对我们残忍的虐待才能够引发这样的事情。陀思妥耶夫斯基给了我们一种新的视野去了解什么是最困扰人类的，让我们以一种新的眼光去看待人类的困境。让我们去忍受的恶就在我们自身之中。它不是环境的产物，但是它能够被“环境激发或压制”[17]。对陀思妥耶夫斯基来说，人类很能自我折磨。小高略德金——大高略德金将其身上所痛恨的所有品质都加倍地给了他——以迫害大高略德金而告终；所以我们可以说，高略德金在折磨他自己。

小说中有一处是这样的：高略德金的佣人比特鲁斯卡（对其主人的怪异行为了如指掌）说:“我将要去一些善人当中……善人诚实地生活着，善人没有任何伪装地生活着，他们从未出现两重性……”[18]问题在于，在陀思妥耶夫斯基看来，我们当中没有人是完全美的。我们身上都既有善的又有恶的，所以我们都至少是双面人。除了涉及他人会认为小高略德金是真实的高略德金而大高略德金是冒牌货，高略德金最害怕的是可能有无数个高略德金[19]。

从这部表现了陀思妥耶夫斯基在描写人类困境时迈出的第一关的早期小说中，我们能得到什么呢？除了坚信我们不是简单的，我们身上有彼此冲突的渴求，陀思妥耶夫斯基似乎想说：我们决定着我们所经验的世界。高略德金的世界充满了阴谋和敌人，因为他的头脑把这一点强加给现实。我们也能够创造一个新的自我来改变我们自己，如果我们不满意迄今为止我们的样子的话。我们不是那种其属性千年不变的动物。就高略德金而言，我们应当注意的是大高略德金的创造，而不是小高略德金的创造。高略德金逐步认识到——至少是无意识的——他不尊重他自己一直所是的那个样子，所以他试图把自己转变为更令人钦佩的人：“我决非阴谋家，我可以骄傲地说。诚实、正直、整洁有序、令人愉快、性情温和……”[20]他改变自己的办法是创造具有不受欢迎的性格的双面人，让自己发展为一个更好的人。

高略德金有着让人惊讶的充足自由，这是他在几个场合认识到的。然而，在大多数情况下，他以宿命论的言辞描述发生在他身上的事：“这决非我的错，我们必须责怪命运为这一切负责。”（在他的宿命论中他也是乐观的，“一切仍有可能趋向最好”是他“偏好的情感”。）当进展不很顺利的时候，高略德金否定了他的自由。

我们也注意到高略德金在通过让自己远离他自己一直所是的那个样子以及假装他对发生在他身上的事情失去了控制来克服他的问题时并不成功。在写作《双重人格》时，陀思妥耶夫斯基还不能回答他向自己提出的第二个重要的问题：既然人的困境是生来就有的，那么，我们应该如何生活？后来的小说将对这个重要的问题提出一个答案；但是在《双重人格》和《地下室手记》中，他给出我们的答案是必定不会被接受的。诚然不被接受的答案在我们应该如何生活的问题上也能提供一些提示。在《双重人格》中，陀思妥耶夫斯基告诉我们，我们不应当试图否定我们自己、我们从前的一部分；我们不应当否定我们的自由。

在《双重人格》与《地下室手记》之间相隔 18 年。在这一间隔中，陀思妥耶夫斯基为他早年对社会主义的迷恋付出了巨大的代价，他游历了欧洲，并且看到——尤其是在伦敦的“水晶宫”展览中——令人困惑的方向——至少让他感到困惑——社会改革者希望从这个方向来理解社会。我们能够清楚地看到这些经历对《地下室手记》的影响。

这部小说被分成两个长的章节：“地下室”和“落雪故事”。下面就是陀思妥耶夫斯基对两章内容的概括：

在标题为“地下室”的那一章，（虚构的作者）介绍了他自己及其对生活的看法，并且试图阐明他何以会出现在我们中间，他何以必然会出现在我们中间。在其后的一节中，我们看到的便是这个人物关于发生在他生活中的一些事情的真正的手记。[21]

在第一章中，我们熟悉了《手记》的作者，我们的“反英雄”，就像陀思妥耶夫斯基对他提到的那样。他 40 岁了，先前是职位低微的公务员，孤单地生活着，没有任何朋友。他有病；但是他受虐狂般地拒绝帮助：“我是个有病的人……我出于敌意拒绝治疗……我比任何人更清楚，除了我自己，我伤害不着任何人。”在机关里，他拨弄着自己的鼻子：“我是个坏的公务员，我是粗鲁的，我喜欢粗鲁。”他拒绝接受他人似乎接受着的限制：“一堵墙对他们来说是某种让人镇静的东西，在道德上是决定性的和根本的”，而“我总是怨恨自然法则甚至于其他一切”。

他反对社会的价值：“我越是意识到美以及‘最高的和最好的’，我也就在我的泥潭里陷得越深。”他甚至以伤害他人为乐：“当我成功地伤害了某人的感情时，我感到巨大的喜悦。”但是他并没有坏透。另外，陀思妥耶夫斯基坚信人是复杂的：

“事实上，我永远也不能让自己坏（透）。我总是意识到许多因素表明了正好相反的倾向。我明显感到它们在我身上涌动——这些因素。我知道它们毕生都在我身上涌动，请求放它们出去……”[22]

他非常聪明——“我比我身边的任何人都聪明”——但是认识到“想得太多是一种病”[23]，这部分是因为它导致行动上的懒惰：“为了行动，人们必须绝对对自己有把握，必须在任何地方都没有疑虑”；但是一个人想得太多就总会有疑虑。他是一个过分敏感“意识高度发达的人”，在他那里，对想象出来的轻视的怨恨[24]已经折磨了他若干年。正是这一点导致他“出于敌意”把自己“故意埋葬在地下室40年之久”。他认识到他的真正的问题在于他“对自己缺乏尊重”，现在“除了守护好自尊之外，他没有别的工作可做”。

我们的反英雄体现了他的生活哲学，很清楚，它是陀思妥耶夫斯基本人的。陀思妥耶夫斯基抨击了有关人类行为的决定论的观点，特别是心理学上的自我主义，这种观点认为所有的人总是以他们认为最符合他们自己利益的方式而行动的。陀思妥耶夫斯基正好刚刚读过社会主义者N.G.车尔尼雪夫斯基的小说《怎么办？》（1863年），这部小说认为一个理想的社会能够通过理性地证明如下论点而取得：与其余的人合作、以一种“道德和高尚”的方式而行动是符合每个个人的自我利益的。

这种论点假设我们总是以自利的态度而行动。

陀思妥耶夫斯基相信人们能够、实际上也确实在与他们的自利行为作斗争。有时候他们仅仅是为了背离预期而故意破坏他们自己的利益，因为“固执和自我意愿对他们来说比任何利益都更重要”。陀思妥耶夫斯基相信，有“一些东西几乎对每个人来说都比他自己最高的利益更珍贵”，这就是“人们自己自由而无拘无束的意志，人们自己的任性”。

显然，陀思妥耶夫斯基不仅反对心理学利己主义的特殊决定论，而且反对关于人类行为的任何决定论。他相信，人类并非连贯一致地行事。我们拒绝受社会科学家试图强加给我们的任何“自然法则”的限制。我们拥有自由意志，甚至用它来做“肯定是有害和愚蠢的事情”。为什么？

因为它无论如何保存了对我们来说珍贵的和极端重要的东西，这就是我们的人格和我们的个性。有些人甚至会把它说成是人最珍贵的东西。[25]

陀思妥耶夫斯基相信：在自由意志的意义上，我们是自由的，这就意味着我们能够有选择地行动，而不改变先行的条件，我们是所选择的行动的唯一的原因。此刻，我可以选择上蹿下跳，我也可以选择不这样。如果我选择这样做，我就做；如果我不选择这样做，我就不做。关于自由意志（free will）的这种自由主义（libertarian）的理解与决定论是不相容的，决定论认为，每个事件——包括一切人类的行动——在既定的条件下，必定不可避免地发生。决定论主张：一切人类行动原则上是可以预测的，因为因果关系统治着人的行为。这恰恰是陀思妥耶夫斯基所否定的。

他承认还有另一种自由意志观，这是一种与决定论相容的自由观，这种自由观在一个对科学的信仰使得许多学者倾向于以决定论的方式去思考的时代，已经非常流行了。这第二种自由意志观——被称作兼容观——相信：只要我们不在强迫下行动，只要我们能够把我们的渴望转变为行动，我们在行动上就是自由的。既然，在大多数情况下，正是我自己的渴望决定了我的行动是什么，那么就可以说我是在自由行动，即使决定论是正确的，而我也别无选择。因此，假设决定论是正确的，那么我们能够说，此刻我上蹿下跳是自由行动，即使我别无选择，因为这正是我希望做的。没有人强迫我违背我的意愿而这样做。但是陀思妥耶夫斯基反对这种自由意志观。对他来说，这根本不是自由意志。他说“如果有朝一日我们所有渴望和幻想的公式被发现了”，也就是说决定论有朝一日被证明正确了，那么我们所理解的人类将不复存在。人“将马上从人变为钢琴键，或诸如此类的东西”。原则上，我们与其行为完全可以预测的普通的物体没有什么区别。但是陀思妥耶夫斯基坚信我们是不同的。在陀思妥耶夫斯基看来，最为重要的是，我们作为人类的存在归结为我们通过我们的行动向我们自己证明着：与宇宙中的其他客体不同，我们有自由意志。我们的所作所为不是被决定了的：

> 对我来说，人类的全部事务仅仅在于——人应当不断地向他自己证明他是一个人而不是钢琴键！甚至以自己的生命为代价去证明它……[26]

因此，陀思妥耶夫斯基建议我们“让所有（那些统治人们行为的假想的因果律）见鬼去吧……遵照我们自己甜蜜的意志，过我们自己的生活”。

通往理想社会——对他来说“水晶宫”是个象征——的社会主义的乌托邦方案中，陀思妥耶夫斯基发现最讨厌的是他们假定人类有一个可以定义的本性，特别是，假定他们必然寻找他们自己的幸福；剩下要做的事情就是在理性上向他们表明如何实现所渴求的目标。这样“在一只眼睛的闪烁中，所有的问题都消失了”。但是陀思妥耶夫斯基坚持认为：我们是反复无常的动物。我们将运用能够使我们表达我们个性的自由意志来挫败他人运用理性告诉我们我们是什么以及应当是什么的任何企图。他相信历史表明他关于人的本质的观点是正确的……“关于世界历史什么都可以讲，只有一件事情你不能说——理性有事可做。”

除了社会主义，陀思妥耶夫斯基抨击的另一个观点是享乐主义的功利主义，这是一种在19世纪的英国颇为流行的哲学。杰里米·边沁与约翰·斯图尔特·密尔所倡导的这种观点认为：人无不渴望增进他们自己的快乐或幸福，减少他们自己的痛苦或不幸。既然我们每个人都渴望这一点，在我们中间，没有人比其他人更重要，我们的理想就是采取什么样的行动给最大多数人带来最大的纯粹快乐或幸福[27]。陀思妥耶夫斯基反对这种说法，认为“(人)也同样喜欢痛苦……我想人类永不可能放弃真正的痛苦，这就是说放弃毁坏与纷乱。为什么？因为痛苦是一切意识的根源”。[28]

从《地下室手记》中，我们能够开始看到陀思妥耶夫斯基对社会主义者、甚至像边沁和密尔这样的自由主义者的激烈批评。就像劳伦斯·斯蒂恩对陀思妥耶夫斯基的推理概括的那样，他们“寻找对人类问题的制度性解决方案”。[29]在这个过程中，个人被剥夺了他们的自由意志。陀思妥耶夫斯基并非不同意更加平等和合作的理想，但是他认为那必须来自各个个体内部。他们必须是自由地选择它。条件的平等不能强加给他们；他们只是反抗被告知去做什么，就像我们的反英雄所做的那样。

第一章临近结束时，我们知道反英雄认识到在地下室度过一生不是理想。他要离开地下室，但是不认为他会找到出路：

我知道……地下室不是最好的，更好的是另一种不同的东西，完全不同的东西，那个东西是我所渴求的，但我找不到它！该死的地下室！[30]

在《地下室手记》的第二章《落雪故事》中，我们在我们的反英雄的生活中，看到了大约发生在20年前的三个片断，这些片断并不是值得他骄傲的，正是这些片断导致他失去了自尊。当地下室人叙述他生活背景中的这些事件时，我们意识到这样一个事实：尽管他有我们有自由意志这样一个思想信念，他还是倾向于以决定论的方式看待他自己的生活。此外，陀思妥耶夫斯基告诉我们：我们经常犯有否定我们自由之罪，而自由正是我们拥有的最珍贵的礼物。让我们试看一下阐明反英雄看待他自己生活的方式的典型段落：

我常常带着发疯似的不满来看自己，由不满到厌恶，结果内心里是在把我的观点强加给每个人。譬如说，我憎恨自己的脸，发现它模样可憎，还甚至怀疑它上面会有什么下贱的表情，因此每次上班时总是痛苦地使劲让自己尽可能地保持得独立不羁些，使人家不致怀疑我下贱……[31]

他讨厌自己，并且感到下贱，这一点可以追溯到他早年丧失父母，被交给远方的无情的亲戚照料，他们把他送到一个他经历了可怕体验的学校。结果，他不可避免地看见其他人试图羞辱他，这导致他为了重新获得优势而不恰当地行动。

他描述的第一个事件开始于酒馆的一个晚上，当时他发现自己不巧挡了一个军官的道路。这个比他高出很多的军官把他推到一边走过去了。这让地下室人觉得“他被像一只昆虫一样对待”。在他终于能够以一种不能令人满意的方式“报复”之前，怨恨之情郁结在心头达数年之久——他被缠上了。

第二个事件开始于他感到孤独的时候，他访问了一个以前的同学，他发现这个同学与另外两个以前的同学正计划去参加第四个同学的晚会。他成了晚会的不速之客，尽管他知道他是不受欢迎的，而他自己其实也并不特别想去。他早到了一个小时——他们没有办法通知他时间的变化——他觉得受到了羞辱，因而对其他三个人举止失体。他们根本不去理会他。由于不能忍受以这种方式被“怠慢”，并且感到“极端耻辱”，他借钱跟其他几位到了一家妓院，决心无论如何“挽回面子”：“我要挽回它，要么就在这个夜晚当场死亡。”

在妓院里，他遇到了妓女丽莎。他讲述的第三个，也就是最重要的事件，涉及他如何对待这个妓女。由于不能为了他失去的自尊而报复他的同学，他转而将其发泄到这个“友好而心灵单纯”同时又有些自暴自弃的女孩身上。甚至在他亲近了她之后，他后来回忆起来时，他发现“愤怒和痛苦”再一次在他身上“沸腾”，“寻求一个出口”。最终他向其讲明肮脏生活的危险。他向丽莎描绘的暗淡图画使她崩溃了：“我从未目击过此等绝望！”此刻，由于感到懊悔，他对她说：“这是我的地址，丽莎；跟我来吧。”她说她会的。在他离开前，她向他出示了她的“珍宝”：一个她曾遇到的年轻的医学专业的学生所写的爱情表白，这个学生不知道她的职业。她想要我们的反英雄知道：

> 她是有人爱的，这种爱体面而真挚，人们尊敬地对她讲话。信几乎注定被毫无结果地保存着。但是那不要紧；我相信她会毕生珍藏着它……[32]

后来，地下室人想到丽莎将造访他而且会发现他生活在贫穷中，很是苦恼。当她露面时，他正在与他的佣人进行不体面的争吵，像通常一样，佣人在争吵中处于上风。此外，由于目睹了他的窘境，他不得不“让她付出昂贵的代价”，他向她猛击，但是丽莎理解为他不高兴，她也向他伸出了胳膊。他们一起叫喊；地下室人感到了羞辱。他认识到他们的“角色已经被明确地逆转”，“她是英雄”，而他“只是像她以前那样的一个受压制的低级动物”。在一次暴怒中，他再一次占有了她，终于向她表明他是“一个可耻的坏蛋，最重要的是，他并不爱她”。他心怀恶意地强行把钱塞到她手里，她将其丢在了身后。他故意残忍地对她,但是“它出自他邪恶的头,而不是(他的)心”。他再也没有看到她，而宁愿“平静地留下来，孤独地待在他的地下室”。他得出的结论是：这是一部“关于我躲在角落里由于道德堕落、环境的缺陷、抛弃活生生的生活和地下室里爱慕虚荣而生的怨毒等，因而糟蹋了自己生活的冗长小说”。[33]

在这部小说中，陀思妥耶夫斯基非常清楚地表明：我们自由地过着我们选择的生活。没有人能够从我们这里把它拿走。但是我们害怕这种自由:“不妨试着给我们尽可能多的独立……我敢向你保证我们马上都会请求回到秩序下。”[34]使我们的形势进一步变得复杂的是这样一个事实：在我们身上有相互冲突的冲动，有些是好的，有些是坏的；如果我们在某种程度上失去了自尊,我们会不顾一切地去挽回它。所以我们会经常迷路。我们的反英雄拒绝了本来可能会拯救他的爱情，而相信他不能够爱任何人。像高略德金一样，他没有正确地运用他所拥有的自由；也像高略德金一样，他否定了他的自由。但是这一次我们得到一个有关我们如何生活的暗示。丽莎,小说的女主人公,知道爱是重要的。

注释：

① 费奥多·陀思妥耶夫斯基:《〈地下室手记〉和〈双重人格〉》,杰西·库尔森译，企鹅丛书，纽约，1972年，第265页。

② 同上，第33—36页。

③ 《作家日记》，1877 年，第 883 页。

④ 《双重人格》，《〈地下室手记〉和〈双重人格〉》，第 132 页。

⑤ 同上，第 138 页。

⑥ 同上，第 143 页。

⑦ 同上，第 147 页。

⑧ 同上，第 151 页。

⑨ 同上，第 158 页。

⑩ 同上，第 212 页。

⑪ 引自爱华德 · 瓦斯奥勒克:《陀思妥耶夫斯基，主要小说》，麻省理工学院出版社，坎布里奇，1964 年，第 5 页。

⑫ 同上，第 6 页。

⑬ 我们能够比较，从而从经验中归纳，但是不能独立地得出新的经验。

⑭ 关于克尔恺廓尔哲学的更为充分的讨论，见我的书《克尔恺廓尔》，也收入华兹华斯哲学丛书。

⑮ 尼采认为，在主人类型的人身上，可能存在着奴隶价值与主人价值的斗争，但是奴隶价值来自于外部，而不是自身内部。

⑯ 这部小说也可以被读作预示着 60 年后有关多重人格的著作的先驱。特别参见默顿 · 普林斯的《人格的分裂》，格林武德，纽约，1969 年（初版于 1906 年）。

⑰ 见罗伯特 · 路易斯 · 杰克逊:《陀思妥耶夫斯基的艺术》，普林斯顿大学出版社，普林斯顿，N.J.，1981 年，第 9 页。

⑱ 《双重人格》，《〈地下室手记〉和〈双重人格〉》，第 222 页。

⑲ 见高略德金关于这一问题的梦，这部小说的第 230—231 页。

⑳ 《双重人格》，《〈地下室手记〉和〈双重人格〉》，第 184 页。

㉑《地下室手记》,《〈地下室手记〉和〈双重人格〉》, 第 13 页。

㉒ 同上, 第 16 页。

㉓ 对陀思妥耶夫斯基而言, 这是一个新的主题, 它将会使他的整个哲学愈益变得重要。

㉔ 怨恨在人的心理学中扮演的重要角色对尼采来说也是一个重要的思想。这无疑是尼采在陀思妥耶夫斯基身上发现一种类似精神的原因之一。

㉕《地下室手记》,《〈地下室手记〉和〈双重人格〉》, 第 36 页。

㉖ 同上, 第 38 页。

㉗ 关于边沁和密尔观点的充分讨论, 见我的书《密尔》, 也收入华兹华斯哲学家丛书。

㉘《地下室手记》,《〈地下室手记〉和〈双重人格〉》, 第 41 页。

㉙ 劳伦斯・斯蒂恩,《〈地下室手记〉中的自由与爱》,《哲学研究文存》, 第 4 卷, 第 43 页。

㉚《地下室手记》,《〈地下室手记〉和〈双重人格〉》, 第 43 页。

㉛ 同上, 第 47 页。

㉜ 同上, 第 102 页。

㉝ 同上, 第 122 页。

㉞ 同上。

4

On Dostoevsky ——— 《罪与罚》

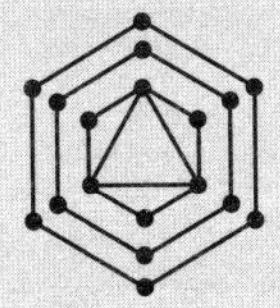

在《地下室手记》中，地下室人推论出不自由的恐怖结果；在《罪与罚》中，拉斯科利尼科夫做出了自由的恐怖结果。（爱德华·瓦斯奥勒克[①]）

“这是一个黑暗的、疯狂的案例，一个当代的案例，一个属于我们自己时代的事件，在这个时代，人心已经变黑变脏……物质上的舒适被视作生活的唯一目的。它是一个涉及源于书本的梦想的案例……一颗被理论过度刺激的心……由于一个理论，他杀了两个人。”（《罪与罚》[②]中的检察官彼得罗维奇）

《罪与罚》在《地下室手记》停止的地方起步。中心人物罗季昂·罗曼诺维奇·拉斯科利尼科夫[③]，一个23岁的穷困潦倒的学生，是“地下室人精神上的亲戚”[④]，但是在由《地下室手记》到《罪与罚》的进展中，孤独的、桀骜不驯的个人对自然和社会竖立的“墙”的反抗从思想演化为行动[5]。在《地下室手记》中，陀思妥耶夫斯基确定人本质上是自由的；在《罪与罚》中，他向我们表明了那种自由可能的可怕后果。人自由地进行可怕的犯罪。拉斯科利尼科夫在《罪与罚》的开头谋杀了两个人。我们想知道这种犯罪本来为什么以及如何能够防止？

《罪与罚》这部小说已经耳熟能详，因此，我将只是简单地概括一下情节并介绍一下主要人物。随着拉斯科利尼科夫精神状态的进展，他杀死了一个盘剥穷人的富裕的、年老的典当商，他被迫杀死了他单纯而谦和的姐姐，当她在行动中阻止他时。在实施了他的犯罪后，拉斯科利尼科夫的“惩罚”开始了，他不仅必须面对由谋杀带来的他自己的精神堕落，而且要面对检察官波尔菲里，这位检察官确信他会“找到这个人”，确信在某个时刻凶手为了结束他的精神折磨而要坦白罪行。

> 你可曾观察过烛火旁的飞蛾？好吧，那就是他与我在一起时的情景，像点燃的蜡烛旁的飞蛾，盘旋着、环绕着我；他将失去他对自由的体验，他将开始思考他要走的问题，思想陷入混乱……绕着我做圆周运动，一步步地缩小半径，直到——扑通落下！[6]

在最终坦白之前，拉斯科利尼科夫遇到了七个可敬的人物，他们说出了他本性中好的一面。这七个人物包括：他的母亲、姐姐、朋友拉祖米欣以及穷困的马尔梅拉多夫一家，尤其是索尼娅·马尔梅拉多夫。他也遇到了作为消极角色典范的可恶的人物：他姐姐自私自利的未婚夫卢辛以及其以前不道德的雇主斯韦德里盖洛夫。正是索尼娅使他确信他必须坦白，她跟着他到西伯利亚与他一起分担他的惩罚。她也是一个社会的流浪者，由于贫穷被迫卖淫来帮助她的家庭。

在这部小说的开头，我们知道，就像地下室人一样，拉斯科利尼科夫已经“沉迷于自我”并选择与世隔绝的生活："他感到好像用一把剪子把自己与一切人和一切事隔离开来。"[7]他住在一个他不愿意离开的阴暗的小屋里。很明显，他是一个自闭者。就像地下室人一样，他出于敌意把自己囚禁起来：

> 我充满敌意……并且像个蜘蛛，我爬行着并把自己藏在我的角落里……你就在我的老鼠洞里，你已经看见了……然而尽管我憎恨它，但是我不想离开它。[8]

像地下室人一样，拉斯科利尼科夫在权力机构面前有一种“伸舌头”的强烈的欲望[9]。而且，他也不喜欢他的人类同伙。“他发现他遇到的所有的人都是令人厌恶的——他们的脸，他们走路的方式，他们的运动都让他感到厌恶。”[10]让我们来看一下他对他所杀死的典当商的印象：

> 这是一个干瘪的小老太婆，六十来岁，有一双目光锐利、神情凶恶的小眼睛，尖尖的小鼻子，光着头，没包头巾。她那像鸡腿样细长的脖子上缠着一块法兰绒破围巾，别看天热，肩上还披着一件穿得十分破旧、已经发黄的毛皮女短上衣。[11]

杀死一个在人们的眼里讨厌的、被当作只不过是“一只虱子——一只讨厌的、无用的、有害的虱子”[12]是较为容易的。

像菲利普·拉夫所指出的，拉斯科利尼科夫花去了他大部分精力在“斗室中沉思”。就像地下室人一样，“他充满了骄横的愤怒，不惜以自我毁灭为代价狂躁不安地要从其不自由的存在中爆发”。[13]

如果读者对拉斯科利尼科夫是地下室人的传人、对其对陀思妥耶夫斯基早期的反英雄的想法所起的作用有什么怀疑的话，那么当拉斯科利尼科夫遇到了曾经第一个称其为凶手并且后来试图亲自承认犯罪的人时，陀思妥耶夫斯基就打消了这种怀疑：

突然一个人物出现了——昨天的来自地下室的人……

这个人一言不发；然后他突然向他深深鞠躬，几乎着地……

“你是干什么的？”拉斯科利尼科夫喊道。

“我有罪。”这个人平静地说道。

“什么罪？”

“邪恶的思想。”

他们面面相觑。[14]

所以拉斯科利尼科夫是一个与地下室人同出一辙的人物，最重要的是，地下室人相信人是自由的。但是我们的自由为了什么？仅仅是为了确认我们的独立而永恒地反叛社会和上帝吗？这肯定不会使我们快乐。我们需要一个目标，需要一个积极的生活理由。地下室人缺少这样一个目的，这就是原因，在很大程度上，他仍然是一个抱怨者而非行动者。拉斯科利尼科夫认识到他必须行动：“他必须做一些事情……不管发生了什么，他必须采取行动……”[15]他决定采取的行动是去实施一次可怕的犯罪。为什么？

有许多因素似乎构成拉斯科利尼科夫犯罪的动因。他绝对贫穷，而如果没有钱，他就不能完成他的研究，也不会有任何前途。他也想挽救他的姐姐：为了帮助她的母亲和弟弟，她嫁给了一个她并不爱的有钱人，“出卖了她的灵魂”。此外，他被当时新的功利主义思想所影响，这似乎也能证明犯罪的合理性。最后，拉斯科利尼科夫有一种他自己的理论，这种理论表面上与尼采的理论相仿，它证明了他打破社会法则是正确的。

在考虑拉斯科利尼科夫实施犯罪的这些可能的理由当中的每一条之前，为了决定哪一条是其犯罪的真正动因，让我们问一下我们是否因为他受他人理论的影响（至少部分地），因为他的环境、他家庭的贫穷，就应当赦免他行为的责任？陀思妥耶夫斯基明确认为，我们都要从根本上为我们的所作所为负责。把我们看作只不过是生命游戏中的典当物，没有自由意志——“一切都是由环境造成的，人本身什么也不是”，这就抽掉了我们与动物和无生命物体的区别。它剥夺了我们的人性。陀思妥耶夫斯基反对那种罪犯不为他的罪行负责的观点，因为它抽掉了罪犯的自由，他的自主性；也不认为惩罚能够使其补偿罪行和改过自新。陀思妥耶夫斯基明显接受了马丁·波尔姆特所提出的惩罚的报应论，认为：

> 惩罚的实践证明是有道理的，因为干了坏事的人“选择”了惩罚；在对干坏事的人的惩罚中，我们尊重了个人的选择。
>
> 把我们的选择看作好像是某种我们无法控制的事情，这是自贬身份。被看作一个人，看作一个自

主的道德主体，这是符合我们的利益的；我们通常做的是想要让我们的选择被看作是从我们身上发射出来的……[16]

很清楚，拉斯科利尼科夫是自由的——他承认“一切尽在人的掌握中”——尽管他经常否认它：“他突然感到他不再拥有任何思想或意志自由，一切突然被一劳永逸地决定了。”[17]他自由地实施了一次可怕的犯罪，而今他必须为他的行为付出代价。在陀思妥耶夫斯基的眼里，拉斯科利尼科夫不得不遭受苦难，这并非坏事，因为在陀思妥耶夫斯基看来，“苦难……是一桩伟大的事情……苦难有一个目的”。[18]

现在让我们回到拉斯科利尼科夫实施谋杀的动机这个问题上来。拉斯科利尼科夫本人承认如果他不实施这次犯罪，他将能够继续留在大学里并且有一个不错的前途。他对索尼娅说：

看，我刚告诉过你，我在大学里未能够为自己找到支撑。但是你知道，我本来可能会非常好地做到这一点……但是我转向了敌意，拒绝了。[19]

他也说：“如果我杀死她的唯一理由是因为我饥饿……那么，我现在会高兴！”[20]她知道他不是由于贫穷而被迫谋杀。他也知道他这样做并不是要帮助他的姐姐和母亲：“我并不是为了帮助我母亲而去杀人——这是扯淡！”[21]他是因为别的原因而自由地选择去杀人。

在实施犯罪之前，拉斯科利尼科夫无意中听到了一个学生与一个年轻的军官的对话，在这场对话中，这位学生说：

> 你看，一方面是个毫无用处、毫无价值、愚蠢凶恶而且有病的老太婆，谁也不需要她，恰恰相反，她对大家都有害，她自己也不知道，她为什么活着，而且要不了多久，老太婆自己就会死掉……另一方面，一些年轻的新生力量，由于得不到帮助，以致陷入绝境，这样的人成千上万，到处都是！千百件好事和创举，可以用注定要让修道院白白拿去的、老太婆的那些钱来兴办，并使之得到改善！成千上万的人也许能走上正路；几十个家庭也许会免于贫困、离散、死亡、堕落，不至于给送进性病医院，而这一切都可以用她的钱来办。杀死她，拿走她的钱，为的是日后用这些钱献身于为全人类服务、为大众谋福利的事业：做千万件好事，能不能赎一桩微不足道的小罪，使罪行得到赦免，你认为呢？牺牲一个人的性命，成千上万人就可以得救，不致受苦受难，不致妻离子散……这不就是数学吗！[22]

这明显涉及边沁和密尔的功利主义理论，这种理论认为，在既定的条件下，正确的行动是可能导致好结果最大化的行动，它把每个人都考虑在内。一些哲学家已经注意到这种理论可能被用来为伤害一个人帮助许多其他人辩护。[23]但是这是拉斯科利尼科夫杀死那个典当商的动因吗？不，他告诉索尼娅："我不会为了得到钱和权力从而让人类受益而杀人。那也是扯淡！"[24]

拉斯科利尼科夫的真正的动机可以在他写的一篇论文中所提出的理论中找到，在这篇论文中，他把人类分为"普通"人和"非凡"人，后者包含少数"拥有说出某种新的东西的天才的人"。反之，他宣称，普通人必须服从规律：

> 一个"非凡"人有权利——当然，不是官方的权利，而是私人权利——允许他的良心趟过某些……障碍，而且只有当他的观念（有时可能是拯救人类）的实施要求它的时候。

拉斯科利尼科夫补充道：非凡的人是"未来的主宰"，"推动着世界，把它引向一个目标"。在实施其犯罪时，拉斯科利尼科夫想要知道的是他是否是"非凡"人之一，他是否"能够趟出这一步，或者（他）是否不能够……（他）是否有一种权利……"[25]

促使拉斯科利尼科夫犯罪的理论从表面上看似乎非常相似于弗里德里希·尼采的观点，尼采把人划分为"主人"和"奴隶”，前者是真正创造性的个人，有能力和权利选择他们自己的价值。然而，在这两种观点之间有一个应当注意的重要区别。尼采的“主人”，是一个潜在的“超人”，渴望仅仅针对自己的权力，按照他自己的价值去选择和行动，以便他能够充分发展他的天才。而拉斯科利尼科夫的“非凡”人需要对他人的权力。尼采的“超人”是一个艺术家——在这个词最广泛的意义上；拉斯科利尼科夫“非凡”人的典范是拿破仑。

无论如何，尽管拉斯科利尼科夫能够计划和实施他的犯罪[26]，但是他后来不能够忍受这个行动。就像尼采在《查拉图斯特拉如是说》中提到的杀死上帝的“苍白的人”：

> 但是思想是一回事，行动是一回事，行动的画像又是一回事：因果性的车轮不在它们之间碾过。
>
> 画像使这个苍白的人苍白。当他去行动时，他就是行动；但是在行动之后他不能够忍受他的画像……我称之为行动之后的疯狂。[27]

几乎在陀思妥耶夫斯基写作《罪与罚》之后近一个世纪，让-保罗·萨特写了一个剧本，这个剧本明显地表现了尼采的这个思想。在萨特的《苍蝇》中，有一个人物典型，伊列克特拉，她能够计划杀死她的母亲及其母亲的情人，为她死去的父亲报仇，但是她做这件事时遇到了麻烦，她后来肯定不能够忍受它，最终屈服于象征着懊悔的苍蝇（暴怒）。另一方面，她的哥哥，奥列斯蒂斯，能够完成全部三个阶段——想到行动，实施行动，后来忍受它——没有悔恨。他是那个剧本的英雄，是萨特的几个真正活着的人物典型之一。

然而，拉斯科利尼科夫在他的行动之后有了另外一种想法，这使他感到苦恼。他认识到他不是异常人，而他原本以为是。就像斯韦德里盖洛夫告诉拉斯科利尼科夫的姐姐的：

> 看起来他……原以为自己是一个天才的人——或者至少一度确信是。他大大遭受了并仍在遭受这种想法的折磨：当他能够构造一种理论时，他却不能够不加思考地去一步步实施它，所以他不是一个天才的人。[28]

如果他真正相信他的行动是正确的，拉斯科利尼科夫后来就能够忍受他的行动。就像波尔菲里关于他所讲的：

> 我认为你是这样一种人：即使他的利益正在受到损害，你仍会微笑着忍受痛苦——只要他已经找到了一个上帝，或者一种信仰。[29]

拉斯科利尼科夫尚未真正发现这样一个他相信足以为他所

做的任何事情（更不要说谋杀了）辩护的“上帝或信仰”。与其他那些在按他们所珍视的信仰而行动时已经打破了社会法则的人们相比，拉斯科利尼科夫缺乏他们所具有的信念力量。在他看来，他们“有他们的信念勇气，因而他们是正确的，而我没有，所以我没有权利迈出我所迈出的那一步”。㉚

但是因为他缺乏将其完全付诸现实的信念，那是他本不应该谋杀两个人的唯一原因吗？陀思妥耶夫斯基不认为如此，他与尼采和萨特不同，接受了绝对价值的存在。陀思妥耶夫斯基反对道德上的相对主义观点，这种观点认为个人与/或社会有权拥有他们自己的价值标准——这成了拉斯科利尼科夫论文中所提出的理论和尼采与萨特的哲学的基础。似乎很清楚，在《罪与罚》中，陀思妥耶夫斯基把一桩谋杀行动——甚至是对像那个典当商一样的“虱子”的行动——看作是绝对错误的，更不要说谋杀无辜的丽莎维塔。因此，拉斯科利尼科夫已经“到达了审判的时刻”。㉛

索尼娅，这部小说的英雄，也是能够挽救拉斯科利尼科夫的人，这样说：“我是那个自封为有权裁决谁应当活谁不应当活的人吗？”㉜她迅速刺穿了拉斯科利尼科夫理论核心的“目的证明手段合理”的功利主义哲学和道德相对主义。当他说：“看，索尼娅，我所杀的人是一只虱子——一只讨厌的、没用的、有害的虱子！”她的回答很简单：“但是那只虱子是一个人啊！”这促使拉斯科利尼科夫承认：

“噢，我也知道她其实不是一只虱子，”他一边奇怪地看着她，一边回答说，“实际上，我是在胡说，索尼娅，”他补充说，“我那样做已经有相当长一段时间了……”[33]

但是，面对不同个人的相互冲突的观点，我们如何能够捍卫一个绝对的价值标准？在《罪与罚》中，陀思妥耶夫斯基向我们给出了他对这个问题的第一次回答。这也形成了他对他试图回答的第二个基本哲学问题的答案的基础，这个问题就是：我们应该如何生活？我们需要再一次看看索尼娅，看看她的信仰。她承认我们相互需要：“没有他人，完全没有他人，你怎么能够生活？”[34]索尼娅也是虔诚的教徒——“没有上帝，我算什么？”[35]正是她对上帝存在的信仰告诉她谋杀是错误的。照她的观点，拉斯科利尼科夫的问题是他已经“偏离了上帝”！[36]他的母亲也认识到这一点。小说的开头，在拉斯科利尼科夫从她那里收到的一封信中，她写道：

你向上帝祈祷，罗佳，你是不是仍然相信创世主和我们救世主的仁慈？我心里真感到害怕，最近时髦的不信教的思想是不是会降临到你的头上？如果是这样的话，我要为你祈祷。[37]

陀思妥耶夫斯基显然批判了无神论改革者，他们希望通过践踏一些人使世界变得更好。那些抛弃上帝和宗教的绝对价值的人，在陀思妥耶夫斯基看来是危险的。

如果我们假定有这样一个上帝，他赋予我们绝对的价值标准去遵循，那么拉斯科利尼科夫的相对主义和他的“目的证明手段的合理”的想法就是可疑的。我们能够明白他的犯罪必定煎熬着他的内心，直到他真正忏悔。可以看到他经受着“死病”的痛苦，克尔恺廓尔说这是绝望的个人的命运，因为他否定永恒的自我和这个自我的作者——上帝：

> 死病是不能去死——然而，并不是说好像有生的希望……如果说一个人可能死于绝望，就像一个人死于疾病一样，那么他身上的永恒的东西，即自我，也必定能够在身体死于疾病之同样意义上死去。但是这是一种不可能性……绝望的人不能死；绝望消灭永恒的东西，即作为绝望的根基的自我，不过是“用匕首来杀死思想”……然而，绝望确乎是自我消耗，但是它是一种虚弱的自我消耗，力不从心。[38]

但是把上帝引入画面来支持绝对价值引发了两个问题，这两个问题一直困扰着陀思妥耶夫斯基，直到他的最后一部著作他才终于能够回答它们。这两个问题是:（1）如果有一个上帝，我们如何能够是自由的？（2）当这么多无辜的生命遭受苦难时，如何能够有上帝？

暂且将这些问题搁置一边，很清楚，从陀思妥耶夫斯基的角度看来，不仅拉斯科利尼科夫的无神论导致了他的犯罪，拉斯科利尼科夫的自私、孤立和骄傲也促成了他的犯罪[39]。陀思妥耶夫斯基相信我们需要以同情心和爱相互携手。我们必须认识到我们与我们人类同伴的联系，而为了做到这一点，我们必须克服我们的骄傲，因为这对我们的联系是一个阻碍。在这部小说中，陀思妥耶夫斯基引入了进一步的想法：儿童能够引导我们正确地行事，因为“儿童是基督的形象”。[40]

有时拉斯科利尼科夫也确实向别人表现出友爱的一面。像我们所有人一样，他是复杂的，他身上善的和恶的倾向纠缠在一起[41]。他的朋友拉祖米欣这样提到他：“的确好像有两种相反的性格交替出现在他身上。”[42]当他有与陀思妥耶夫斯基年轻时目睹的抽打一匹马有关的事件相似的梦想时，拉斯科利尼科夫表现了对这匹马的同情心，即便是他将要对那个老的典当商做出相似的事情。他帮助马尔梅拉多夫一家，他显而易见关心他的母亲和姐姐。在对他的审判中，在我们第一次遇到他之前他所做的许多具有同情心的行为，都被提到了，这减轻了对他的判决。但是当他的善的冲动出现时，他又倾向于讨厌自己。他认为所有这些暴露的是弱点，而不是优点。因此，在他帮助了一个已经被骚扰的醉酒的女孩不被色狼利用之后，他想：“我为什么要绞尽脑汁地帮助她？……唉，他们能相互忍受，与我无关！”[43]

在小说的结尾处，拉斯科利尼科夫被索尼娅的爱所挽救——“在那种注视中有爱；他的仇恨像鬼魂一样消失了”[44]——他接受了她早前提供给他的重生的机会，当时她给他读着拉撒路的故事。尽管他挣扎着——主要因为“他的骄傲受到了剧烈伤害”[45]——但是他最终认识到它提供给他以及我们所有的人未来幸福生活的唯一希望：

> 现在闪耀着获得新生的未来的曙光，彻底发现了一种新的生活。使他们获得新生的是爱，这一个人的心包含有另一颗心的无穷无尽的生活源泉。[46]

最后，拉斯科利尼科夫作为一个比地下室人既坏又好的人而出现。他杀了两个人，这远比地下室人的侮辱要坏，但是他也最终认识到爱的价值，甚至具有了信仰上帝的可能性[47]。他明白发现生命意义的方式不是通过理论和理智——“我像一个长着几个脑袋的同伙去探索它，结果我失败了”[48]——而是通过感觉：“现在他只能感觉，生活取代了思辨。”[49]那个在小说的开头感到“我杀死的是自己，不是老妇人”[50]的人有了“逐渐获得新生”的机会：

> 不过一个新的故事已经开始，这是一个人逐渐获得新生的故事，是一个人逐渐洗心革面，从一个世界进入另一个世界的故事，是他逐渐熟悉新的、迄今为止全然未知的现实的故事。[51]

在他接下来的作品中，陀思妥耶夫斯基将给我们勾勒这个“新的、迄今为止全然未知的现实”，在这里他呈现出了生活的理想样式，他相信我们必须迈向这个目标。除去继续向我们表明如何不去运用自由之外，他还将向我们表明如何正确地运用它。

注释：

① 爱德华·瓦斯奥勒克：《陀思妥耶夫斯基的主要小说》，麻省理工学院出版社，坎布里奇，1964年，第67页。

② 费奥多·陀思妥耶夫斯基：《罪与罚》，大卫·迈克达夫译，企鹅丛书，纽约，1991年，第52页。

③ “拉斯科利尼科夫”来源于俄语单词“拉斯科利尼科”，意思是“持不同政见者”。

④ 大卫·迈克达夫：《罪与罚》引言，《罪与罚》，第15—16页。

⑤ 或者更极端的行动，如果你考察地下室人的所为，例如，他对丽莎的虐待。

⑥ 《罪与罚》，第401页。

⑦ 同上，第157页。

⑧ 同上，第 485 页。

⑨ 见《地下室手记》，第 43 页，和《罪与罚》第 209 页。

⑩《罪与罚》，第 152 页。

⑪ 同上，第 37 页。

⑫ 同上，第 485 页。

⑬ 菲利普·拉夫:《〈罪与罚〉中的陀思妥耶夫斯基》，收入《陀思妥耶夫斯基：批评文集》，列尼·韦勒克、普列提斯 - 霍尔编，新泽西，1962 年，第 24 页。

⑭《罪与罚》，第 418 页。黑体字是陀思妥耶夫斯基所加。鞠躬也是重要的。在陀思妥耶夫斯基的小说中，这是一个一再出现的主题。人要向巨大的苦难鞠躬，向他感到有相似命运的人鞠躬。在《罪与罚》的前面部分，拉斯科利尼科夫向索尼娅鞠躬，然后说："我不是在向你鞠躬，而是在向整个人类的苦难鞠躬。"（第 380 页）

⑮《罪与罚》，第 79 页。

⑯ 马丁·波尔姆特:《赏罚和死刑》，载《道德和道德争论》，第四版，约翰·阿瑟、普列提斯 - 霍尔编，1996 年，第 390、396 页。

⑰《罪与罚》，第 98 页。

⑱ 同上，第 533 页。

⑲ 同上，第 485 页。

⑳ 同上，第 482 页。

㉑ 同上，第 487 页。

㉒ 同上，第 101—102 页。

㉓ 正是这一点使得 20 世纪的 W.D. 罗斯在形成他的初步责任伦理理论时，把非恶行的责任（引起最小伤害的责任）与善行的责

任（尽可能地提升的责任）区分开来，他宣称，第一责任比第二责任更有力。

㉔《罪与罚》，第 487 页。

㉕ 同上，第 488 页。

㉖ 然而，即使在做这件事的时候，他似乎只是经历了他已开始的系列事件的运动："但是现在已经降临……而且已经决定了一切的这一天，以一种几乎机械的方式影响了他：好像有人抓住了他的手在他后面拉着他……好像他衣服的一角被一架机器的飞轮绞住，他正开始被卷进去。（同上，第 107 页）

㉗ 弗里德里希·尼采：《查拉图斯特拉如是说》，瓦尔特·考夫曼、瓦伊金译，纽约，1972 年，第 38 页。

㉘《罪与罚》，第 566 页。

㉙ 同上，第 532 页。

㉚ 同上，第 623 页。

㉛ 同上，第 532 页。

㉜ 同上，第 476 页。

㉝ 同上，第 485 页。

㉞ 同上，第 489 页。

㉟ 同上，第 383 页。

㊱ 同上，第 487 页。

㊲ 同上，第 73 页。

㊳ 索伦·克尔恺廓尔：《死病》，收入《克尔恺廓尔文选》，罗伯特·布雷塔尔，普林斯顿大学出版社，普林斯顿，N.J.，1946 年，第 341—342 页。

㊴ 当然，在陀思妥耶夫斯基看来，它们是与他的无神论相关的。

㊵《罪与罚》，第 389 页。

㊶ 医生佐西莫夫说：“和谐的个人……几乎根本不存在。”（同上，第 277 页）

㊷ 同上，第 265 页。

㊸ 同上，第 84 页。

㊹ 同上，第 476 页。

㊺ 同上，第 622 页。

㊻ 同上，第 629 页。

㊼ “如果他的信念现在也能够成为我的，会怎样呢？”（同上，第 630 页）

㊽ 同上，第 487 页。

㊾ 同上，第 630 页。

㊿ 同上，第 488 页。

(51) 同上，第 630 页。

5

On Dostoevsky ———— 《白痴》和《群魔》

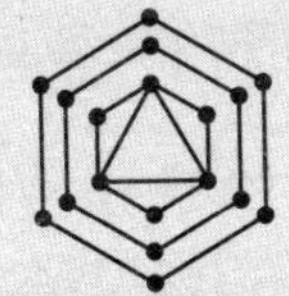

“亲爱的公爵……人间天堂不是轻易能够达到的，而您似乎确实对其抱有希望；天堂是可望而不可即的东西，公爵，比您那美好的心灵所想望的要难于达到得多。”（《白痴》[①]中希公爵对梅什金公爵说的话）

“你已经丧失了善恶的区分，因为你已不再了解你自己的人民……”（《群魔》[②]中沙托夫对斯塔夫罗金说的话）

当他最初开始写作《白痴》时，陀思妥耶夫斯基在写给诗人阿波伦·麦可夫的信中谈到其中心思想：

长期以来我被一个思想折磨着……这个思想就是表现一个完人。在我看来，没有什么比这更困难的了……以前我曾经飞快地瞥见过这个思想，但是那是不够的。[③]

通过《地下室手记》中丽莎的行为和《罪与罚》中索尼娅的行为，陀思妥耶夫斯基的确对理想的人类行为、对运用自由的正确方法给过我们“飞快的一瞥”，但是这两个人的行为都没有被充分展开。现在，在《白痴》中陀思妥耶夫斯基试图使他的小说的中心人物体现他有关我们应当如何行动的观点。

《白痴》是一部有关一个 26 岁的孩子气[4]的男人的小说，这个人就是列夫·尼古拉耶维奇·梅什金，从一场重病康复后，他从另一个地方来到圣彼得堡。像柏拉图“洞穴寓言”[5]中被启蒙的逃犯和尼采的查拉图斯特拉一样，公爵相信他达到了一个他人所缺乏的智慧水准，他愿意与他人分享他的智慧，希望帮助他们最大限度地利用生命。但是别人对他的反应就像柏拉图寓言中受蒙蔽的囚徒对启蒙的囚徒的反应，就像集市中的人们对尼采的查拉图斯特拉的反应。他是一个被嘲讽的对象——一个“白痴”——因为看起来他是如此脱离他们认为是现实的事物，如此脱离他们认为是生活中重要的东西。查拉图斯特拉很快认识到大众“不理解我；我不是一张给这些耳朵准备的嘴”。[6]结果，他决定将他的努力集中于少数的几个也许能够理解他的人身上。但是梅什金坚持他试图帮助所有他人的使命，就像柏拉图被启蒙的囚徒；而这位公爵，就像被启蒙的囚徒一样，以被那些他试图帮助的人所毁灭而告终。

公爵试图帮助的人包括：叶潘钦将军及其夫人（可能是一个远亲）与他们的三个女儿，亚历山大，阿德莱达和阿格拉亚；伊沃尔金一家，一个骄傲而贫穷的家庭，被一个不可能喝醉的说谎者领导着；腐化但是以自己的方式忠忱的公务员列别杰夫；伊波利特·捷连季耶夫，一个死于肺病的年轻的虚无主义者；美丽的流浪者纳斯塔西娅·菲利波芙娜和她的未婚夫帕尔芬·罗戈任。公爵确定纳斯塔西娅是他们当中最落魄、最需要帮助的一个。他打算娶她，将其置于他真爱的人和爱她的人——阿格拉娅·叶潘钦——之上。这导致几乎每个人都躲着他，也致使纳斯塔西娅死于心生妒意的罗戈任之手，这使得他自己的精神完全崩溃。一个怀有最高尚的动机、被认为是陀思妥耶夫斯基的理想的人，怎么可能引起这么大的伤害？

似乎很清楚，陀思妥耶夫斯基相信现在的世界不是为了接受他的理想的人而准备的。通过把他的英雄置于他几乎无能为力的真实的世界中——“他是一个傻子”，“不认识世界的道路并且在其中没有位置”⑦——陀思妥耶夫斯基向我们表明在我们当中的其他人，或者至少他那个时代的人们与他的理想的人之间有一个多么宽的鸿沟。最后，公爵的精神错乱成了他离开这个他不属于其中的世界的方式。

在这部小说的开头，阿德莱达·叶潘钦猜想到公爵将会在那些与他打交道的人当中扮演的角色。他对他说：“你是个哲学家，你是来教导我们的。”⑧主要是通过实例，但是偶尔也通过小型讲座，公爵阐明了陀思妥耶夫斯基主张的我们应当观察生活和对待他人的方式。首先是从他自己几乎被处死的经历中得出来的，他认为我们应当珍视我们生活的每一天，我们能够也应当是快乐的：

> 哦，如果我有力量快乐，悲伤和烦恼算得了什么？你知道，我不能理解一个人如何能够经过一棵树而又在看见这棵树时不感到快乐！责备一个人而又在对他的爱中不感到快乐！……想一想吧，每一步都有多少美丽的事情，甚至最可怜的人也禁不住发现这些事情是美丽的！看一个孩子，看日落时分，看草木的生长，看凝视着你而且爱你的眼睛……[⑨]

就我们与他人的关系而言，他说我们不应当羞于表露我们的感情："为什么你要对你的感情害羞？……这是你最好的感情，所以你为什么要害羞呢？你只不过是在折磨自己，你知道。"[⑩]公爵也认识到"对每个人坦诚而有礼貌"是重要的。

而且，我们应当寻求那些把我们与他人统一起来而不是分割开来的东西：

> 在很多情况下，似乎人们之间没有什么共同之处，而事实上，他们是有的——我的意思是正是因为人们的懒散他们才会把他们自己分为不同的群体，他们只是彼此看上一眼，而不能够发现任何共同的兴趣……[⑪]

听众对公爵所作的这篇特殊的演讲的回应证明了他一般受到的反应。叶潘钦将军打断了公爵的话，问了他一个要重要得多的有关世界的问题："你能有什么办法吗？"

既然我们有许多共同之处——我们都是人——陀思妥耶夫斯基相信我们应当彼此平等相待。在这部小说的开头，公爵以平等的口吻对叶潘钦将军的仆人讲话，这使得仆人不适应，因为他违背了通常的规矩。仆人断定：在过分友好的态度中，公爵要么有某种自利的动机，要么他就"没有个人尊严的意识，因为一个有尊严意识的聪明的公爵不会坐在一个前厅里与一个仆人讨论他的私人事务"。⑫ 后一种看法是正确的。但是缺乏一种个人尊严意识对陀思妥耶夫斯基来说并非坏事。他相信人们的个人尊严意识、自尊意识经常妨碍他们与他人有理想的关系。因此，他建议，我们应当谦卑，而不是为我们的尊严担忧："(公爵)十分真诚地乐于相信，在他周围的所有人当中，他处于道德上的最底层。"⑬

公爵如此谦卑这个事实令阿格拉亚·叶潘钦困惑："为什么要使自己卑下，为什么要让自己显得低人一等？……为什么你不骄傲？"⑭ 在当前的世界中，如果你不认为自己高人一等，别人就会看轻你。然而，陀思妥耶夫斯基承认，正是人们的骄傲导致他们被他人的行为伤害，并反过来报复他们，形成一个"伤害与被伤害的恶心循环"⑮，而公爵的谦卑能够打破这种循环。

最重要的是，陀思妥耶夫斯基相信我们应当同情他人的苦难。公爵从他看到纳斯塔西娅的照片的那一刻起就被其所吸引，因为“在那张脸上有如此大的苦难”，“当他看见它时，在他身上激起了一种同情感”。[16] 纳斯塔西娅过着一种可疑的生活，但是陀思妥耶夫斯基相信，重要的是不要对他人评头论足。公爵提到了他到彼得堡之前所帮助过的另一个“堕落的”女人：

> 我很为她难过……从一开始，我就绝没有想过她是有罪的，而只是一个贫穷的、不幸福的女孩。我非常焦急地安抚她，并且要让她相信没有理由把自己想得低人一等。[17]

丹尼尔·沙认为这是公爵性格中悲剧性的缺陷。他说，对公爵来说，诚信、谦卑和关爱是好的，但是同情心施布得如此广泛以致不去谴责任何人过去的错误，这使得他达不到理想自我的境界，因为它与陀思妥耶夫斯基的我们应当为我们的行动负责的观点是冲突的：

> 由于（公爵）原谅一切的性格，他并不坚持让他的同事为他们的行为负责。他达不到上帝肉身化的理想就在于这种缺陷，这种达不到暴露了他的悲剧性的缺陷。他把他的同事们视作好像是完全被决定了的，因此不能为他们的缺点负责。[18]

尽管小说的结尾公爵的同情导致了悲剧，这一点是确定无疑的，但是我不认为陀思妥耶夫斯基要让我们把此看作他性格中的一个缺陷。陀思妥耶夫斯基相信：（1）作为自由的主体，我们为我们的行为负责；（2）个人不应当谴责他人，而应当代之以同情。这两种观点是相容的。陀思妥耶夫斯基相信：只有上帝和我们自己应当对我们的行为评头论足。（我们应当注意到公爵是严于律己、宽以待人的。）我们不应当对他人评头论足，是因为：（a）我们的位置不适合这样做；（b）我们很可能比我们谴责的人好不了多少；（c）这样做也达不到预期目的。人们只有通过来自于自身的内心改变才能改进他们的行为。对他人的责备是对他人骄傲的挑战，这会使得他们以其人之道还治其人之身，因而他们会变成更坏、而不是更好的人。

除了强调同情之外，陀思妥耶夫斯基建议我们应当去做“个人的慈善行为”，将之作为更有成效的影响他人的方法，而不是去指责他们：

> 你怎么能够说出在（一个人的）内心永远播下的是什么种子（通过一个人的慈善行为）……一个人与另一个人的接触将会对他们中的一个人的未来有什么样的意义？……在播撒你的种子的过程中，在提供你的“施舍”时，在你的善举中，在随便哪一种形式中，你就是在将你个性的一部

> 分分发给别人，并且吸收另一个人的个性的一部分；你们在相互结合……你们播下的所有种子——也许你们已经忘记了——将会生根发芽；从你们身上接受了它们的人，将会把它们传给其他人。你怎么能够说出你对人的命运所做的贡献究竟有多大呢？[19]

在陀思妥耶夫斯基的哲学中还有另一个潜在的一致性问题，这个在《白痴》中提出的问题也是应当提及的。这就是，公爵所代表的理想人的可能性驳倒了陀思妥耶夫斯基的如下观点了吗？即：人天生是复杂的，至少具有两面性。没有，陀思妥耶夫斯基仍然坚信：在我们身上都有善和恶的冲动。尽管在这部著作中，他强调了他的如下信仰：我们能够通过选择仅仅按照我们的善的冲动而行动来克服我们的恶的冲动。甚至公爵也承认，当倾听一个人同时既包含“可敬的”思想又包含“卑鄙的”思想的忏悔时：

> 你同时想到两种思想。而这又是经常的事。它总是发生在我身上。然而，我不认为它是一件好事……与这些双重思想作斗争是极其困难的……最好的办法是把它交给你的良心，难道不是吗？[20]

这一引述的最后一部分是特别重要的。人们如何行动必须由个人自己的良心来决定，因为他们是自由的存在。（这是陀思妥耶夫斯基一再反对用大规模的“社会的”方法来解决我们不能彼此合作的问题的基础。）我们能做的最多是试图向他们表明过一种好的生活的方法。单靠一个人很可能无力改变那些习惯于生活于一个金钱统治的社会里的人们的行为，人们急于给他人留下印象，维持他们的骄傲，他们仅仅考虑他们自己的“权利”[21]而不顾及他人。因此，从根本上说，公爵没有完成帮助他人的使命：

> 就像基督是失败的一样，公爵也是失败的，他无助于阻止我们彼此造成的伤害，但是他准备肩负起这个使命，并且通过自己的信仰给大家一个典范……公爵不能改变宇宙，但是可能会改变梅什金的宇宙。[22]

然而，公爵确实引起那些他接触过的人一度停下来，去反思他们的毁灭性的行为。谁知道为了未来他可能在他们心中播下了什么种子，谁知道为了描绘他的理想人，陀思妥耶夫斯基在他的读者心中毫无疑问播下了什么种子？就像陀思妥耶夫斯基在《作家日记》中对俄罗斯人民的刻画所说的：

人民不是仅仅由无赖构成的；也有真正的圣人——这是怎样的圣人啊！他们自己是光芒四射的，并且为我们所有人照亮了道路！[23]

在《白痴》中，陀思妥耶夫斯基试图向我们表现我们应当如何行动的理想。在《群魔》中，我们看到了反面的典型：我们能够运用我们自由的最坏方式的情形。这部小说中的几个人物鼓吹并且真正奉行令人恐怖的信仰，留下不计其数的尸体。拉斯科利尼科夫的观点和罪行仅次于陀思妥耶夫斯基最害怕的"群魔"的令人震惊的思想和行为，他们是生活中"迷失了道路"、任凭他们本性中最坏的方面横行的可能的人。

陀思妥耶夫斯基尤其关注他所生活的危险时代："在人们的生活中有这样一些历史时刻：臭名昭著、厚颜无耻和最卑鄙的罪恶可能会被认为是一种灵魂的伟大……"[24]《群魔》的主要事件之一基于新闻报道的一起真实的犯罪，小说包含了许多关于陀思妥耶夫斯基的同时代人的辛辣的描绘，还有对他那个时代某些类型的人的嘲讽。既然我们只对陀思妥耶夫斯基的哲学感兴趣，我们将不去留意这部小说的历史方面。相反，我们将集中于"群魔"的观点，他们是如何获得它们的？他们中的两个人是如何被改造的？至少在一个短时间内。

故事发生在一个小城镇里，在那里，斯捷潘·特罗菲莫维奇·韦尔霍文斯基，一个 84 岁的一度深受尊重的自由主义者，被迫靠瓦瓦拉·彼特罗夫纳·斯塔夫罗金的施舍而生活，后者是这个城镇中最杰出的社会人士。他们不完全和谐的关系，依赖于心照不宣的爱，这种关系开始于20年前，那时斯捷潘·韦尔霍文斯基受雇为斯塔夫罗金夫人的儿子尼古拉斯·斯塔夫罗金的家庭教师。这部小说中最令人恐惧的两个恶魔之一就是尼古拉斯·斯塔夫罗金。另一个是斯捷潘·韦尔霍文斯基与前妻的儿子彼得，在他出现于这部小说中之前，斯塔夫罗金只见过他两面。

陀思妥耶夫斯基似乎相信影响了斯塔夫罗金和彼得·韦尔霍文斯基并导致他们令人讨厌的行为的虚无主义，应当追溯到斯捷潘·韦尔霍文斯基的自由主义。斯捷潘·韦尔霍文斯基教了一个，生了一个。在某个时刻，斯捷潘·韦尔霍文斯基提到了那种两个儿子都被其吸引的社会主义的观点：

> 它正是我们的观点——是的，我们的观点！我们是第一个种植它、栽培它……但是，上帝啊，他们是如何表达它，歪曲它，损害它的！……那是我们想要得出的结论吗？谁能认识到这里的这个创造性的思想？[25]

斯捷潘·韦尔霍文斯基的自由主义观点是纯粹智性的，他喜欢在茶余饭后的轻松讨论中用法文自由挥洒地去表达它。他不打算照着它们行动。他完全脱离了现实，并且对人民漠不关心。他曾经在一次纸牌游戏中，输掉了他的一个农奴，导致那个人过上了犯罪的生活。斯捷潘·韦尔霍文斯基（以及同类中的其他人）肩负起释放这个城镇中的坏蛋的责任。因此，我们能够认为他是这部小说中的一个小坏蛋。

斯塔夫罗金是这部小说中最让人迷惑不解的一个人物。我们被告知："韦尔霍文斯基先生成功地触及到了（年轻的尼古拉斯的）最深的心弦"，在他身上灌输了一种"永恒和神圣的渴望"的感觉。然而，在他完成了在圣彼得堡的研究之后，他"转而过上了一种放荡不羁的生活"，从事着"兽性的行为"，甚至还强奸了一个年轻的女孩[26]。当他回家后，他以诸如咬长官的耳朵这样奇异的行为震动了人们，但同时他又让他们着迷，这部分是因为他的外观。他被描述为"美的典范，但同时又有某种丑恶的东西"，因为"他的脸让他们联想到面具"。

在他加入他母亲的家乡的一个集会之前，斯塔夫罗金已经旅行了3年多的时间。在那里的其他人包括：韦尔霍文斯基父子，他们刚刚重聚；德罗日多夫女士，一位交际花，以及他的女儿丽莎；上尉列博雅金，一个酗酒的小丑，以及他的有残疾的、弱智的姐姐玛丽；达莎·沙托夫，斯塔夫罗金女士先前的农奴。在斯塔夫罗金加入之后不久，伊万·沙托夫重击他的脸部，而斯塔夫罗金试图控制他本能的回击。对他来说，这成了一次意志考验。他能够控制他的感情。

我们知道，沙托夫有许多理由打他。斯塔夫罗金与沙托夫的妻子有私情，后者在他们结婚之后离开过他几个星期。也有流言说他与沙托夫的妹妹关系暧昧；他与玛丽·列别雅金4年前结婚，“正是因为这样一桩婚姻的不光彩与荒唐”，后来又抛弃了她。甚至他与丽莎·德罗日多夫非正式地订婚时，所有这些就已经发生了。

但是沙托夫没有因为这些理由中的任何一条而打斯塔夫罗金。他打他是因为他从沙托夫给他提供的座椅上跌了下来。斯塔夫罗金曾经多次向沙托夫挑衅。他教给他的哲学，沙托夫逐渐充满激情地相信了，而斯塔夫罗金明显只是随便说说，因为他俩都曾经调侃过社会主义。按照这种哲学，理性和科学不能区分善恶，因此它们从未在人们的生活中扮演过什么像样的角色。对人们来说，真正重要的是“对上帝的追寻”，这是“生命的精髓”，是“人民的人格”及其“善恶观”。沙托夫补充了如下思想：每个国家有其自己的上帝，但是只有一个是真正的上帝，这就是俄罗斯人民的上帝。沙托夫对其他宗教——特别是罗马天主教（他声称其试图制造一个国有的上帝）——的挑剔，就像他对社会主义的挑剔一样——社会主义否认上帝企图完全根据科学和理性的原则来组织社会。

陀思妥耶夫斯基以沙托夫之口表达了自己的观点，他被他与之断绝关系的革命社会主义集团的领袖彼得·韦尔霍文斯基的谋杀是这部小说中最邪恶的行动和最大的悲剧。谋杀是如此邪恶，因为尽管这是基于沙托夫“知道得太多”、“可能报告给了当局”而被正式批准的，但事实上，彼得·韦尔霍文斯基有一个险恶得多的理由杀他。在这次谋杀中，他让这个集团所有的成员都帮助他，它也可能是对任何人的谋杀，因为用这种方式他能够“用他们流出的鲜血把他们所有人凝结为一个结”，这样“他们就成了（他的）奴隶”。

沙托夫谋杀的悲剧在于时间的安排。沙托夫完全接受他自己哲学的唯一障碍是他不相信上帝本身。当斯塔夫罗金问他是否相信上帝时，他语无伦次地说：

> “我相信俄罗斯。我相信希腊正教。我——我相信基督的身体——我相信第二次降临将要在俄罗斯发生——我相信——”沙托夫在暴怒中嘟囔道。
>
> “但是相信上帝吗？上帝？”
>
> “我——我会相信上帝。”[27]

沙托夫曾希望斯塔夫罗金引导他突破这最后的僵局——“你一个人本来就可以举起这旗帜！”但是斯塔夫罗金让他失望了。相反，为了使他能够完全热爱生活，并且我们推断，最终为了使他能够相信上帝，出现了双重的奇事：沙托夫的妻子回来了，她还给斯塔夫罗金生了个孩子，令人难过的是，此后不久，他就死了。

斯塔夫罗金也激发了另一个人物的生活观，而这是一个令人更加困惑的观点。这个人物是基里洛夫，一个建筑工程师，他最近来到镇里，大多数人都知道他。他与沙托夫生活于同样的困惑中，他们曾经一道去了美国，第一手了解那里恶劣的工作状况，但是自那之后他们逐渐疏远了。基里洛夫关注自由，他的老师斯塔夫罗金也是如此。在基里洛夫看来，“只有当生存还是死亡变得无足轻重的时候，充分的自由才会来临。那是每个人的目标”。[28]基里洛夫认为，没有上帝，人们为了应付痛苦和恐惧而创造了上帝。“征服痛苦和上帝的人自己就会成为一个上帝。”他计划自杀以表明他已经征服了痛苦和恐惧，并且已经达到了根本的自由，变成了上帝本身。“我要杀死我自己以表明……我的新的可怕的自由。”[29]他希望这将把人类引入一个新的时代。

但是基里洛夫就像陀思妥耶夫斯基小说中的诸多人物一样，是矛盾的。即使当他计划自杀时，我们看到他特别热爱生命和孩子。当斯塔夫罗金指出这种不一致时，他说：“这又如何呢？为什么把这两件事放到一块呢？生活是一件事，死亡是另一件事。”基里洛夫也相信“一切都是好的——一切。他对那些懂得一切都是好的人是好的”。甚至“死于饥饿的人或侮辱和强奸了（一个）幼女的人”[30]对于相信一切都是好的人也是好的。

至少从理性上说，基里洛夫似乎把关于人的自由的观点推到了最高阶段。我们对自己没有任何限制。没有上帝来统治我们，我们能够选择去相信最邪恶的行动是好的，如果我们希望[31]。即使基里洛夫的哲学与陀思妥耶夫斯基格格不入，他仍然同情地将这个人物表现出来。基里洛夫被一种思想所支配，但是他本性中有好的一面，在他对他人的行为中，这一面展现了出来。尽管他的确成功地因其思想而自杀了，但是在那个时刻来临之前，他为他人的困境所动，并且竭尽全力去帮助他们。基里洛夫的问题，在陀思妥耶夫斯基看来，是想得太多，而不是相信和按照他的感情行事。

更加令人困惑的是斯塔夫罗金，他真正按照基里洛夫的基本哲学而生活。斯塔夫罗金已经不仅能够征服恐惧和痛苦[32]，而且能够征服一切人类感情。他也不再是一个人，毋宁说只是一个人的躯壳，一个“面具”。对于戕害他人的生命，他不感到内疚：他对他妻子及其哥哥的死是负有责任的，他还毁了丽莎的生活，并且导致了她的死。他仅存的优雅是他知道在他的生命中他错过了一些东西。正是基里洛夫认识到让斯塔夫罗金感到痛苦的是什么。他在“寻找一个负担”，那就是他能够让自己投身于其中的某种东西。他认识到那种什么也不干的自由是虚无，就像萨特后来所说的。斯塔夫罗金能够激励他人行动，去做事——沙托夫、基里洛夫、彼得·韦尔霍文斯基，以及因为与他的一夜情而毁了自己的丽莎、决定让她的生命致力于每当他可能需要她时“就为他而出现”的达莎——然而他找不到任何生活的目的。最终，他自杀了。

除了沙托夫和基里洛夫，斯塔夫罗金激励的另一个人是彼得·韦尔霍文斯基。彼得向斯塔夫罗金承认："你是我的偶像！"为什么？他说：

> 斯塔夫罗金，你是美丽的！……你平等地对待每一个人，而每一个人都害怕你。好的……你是一个令人敬畏的贵族。一个追求民主的贵族是不可抗拒的。牺牲生命——你的和另外一个人的——对你来说不算什么。你正是我们需要的那类人。[33]

结果表明，彼得·韦尔霍文斯基真正想要的是权力。他根本没有真正献身于社会主义理想。斯塔夫罗金敏锐地认识到："我亲爱的韦尔霍文斯基……你根本不是一个社会主义者，而似乎是某种——野心勃勃的政客，不是吗？"[34]彼得接受了这部小说中另一个小坏蛋的理论，这就是希加廖夫，一个革命小组的成员，他认为：创造一个和谐社会的唯一途径是"十分之一的人被授予绝对的自由和不受限制的权力来统治剩下的十分之九"。[35]人类中那剩下的十分之九甚至不能被认为是完全意义上的人，因为他们"必须放弃他们的个性、变为某种类似兽群一样的东西"。希加廖夫承认："从不受限制的自由开始，我达到了不受限制的专制。"[36]当然，彼得·韦尔霍文斯基把自己看作是那将要统治他人的十分之一中的一员——奴隶必须有统治者——但是他认识到他没有成为社会最高领袖的超凡感召力。这是他给斯塔夫罗金的定位："一个宏伟而专断的意志，一个人民的偶像。"

彼得·韦尔霍文斯基了解希加廖夫是如何形成他的理想的：

> 我们将造成政治动荡……我们将造成这样一种剧变：国家的基础将会裂开一个大口……每个污秽的小群体都是有用的。在这些群体的每一个当中，我要为你物色一些热心人，任何开枪动刀的事他们都不会推辞，而且还会以此为荣并感恩戴德呢……必须有一代或两代腐化堕落的人，把人变成可恶的、胆怯的、残忍的、自私的败类——那就是我们需要的！[37]

在这一点上，兽群里的每个人都同样可怜。"地球将为它的那些老神们哭泣"，并准备创造一个新的来代替他们的位置：斯塔夫罗金。对于这个工作来说，斯塔夫罗金是再好不过的了，因为他没有良心。他像彼得一样，是个虚无主义者，他害怕虚无，他没有他自己的目标（所以他能够被彼得·韦尔霍文斯基用于世界的目标），他是个贵族，他极富感召力，他是神秘的。围绕他可以创造出一个传说。彼得告诉斯塔夫罗金：

> 你是个美男子，你像上帝一样骄傲，你不为自己寻求任何东西，你"隐身"于围绕着你的头的受难者的光环中。主要的事情是这个传说！你将征服他们。你只要瞧他们一眼，你就会征服他们。[38]

这就是彼得·韦尔霍文斯基的梦，但是斯塔罗夫罗金不合作。甚至彼得的威胁也不起作用——"要知道你已成了暴发户，我现在不会放弃你"——只是因为斯塔夫罗金"害怕虚无"。

在《群魔》中，陀思妥耶夫斯基业已向我们表明他最害怕的是什么：他能够想到的人们运用他们自由的最坏的方式。为了实现最大的自由，一个人能够用它来消灭他所有的天然的人类情感（他将不再被渴望所"控制"），在这个过程中，摧毁了他自己身上所有好的东西及其区分善恶的能力，从而不能发现任何生活的目的，斯塔夫罗金就是如此。斯塔夫罗金按照基里洛夫所表达的观点而行事，而基里洛夫的生活并不真正能够与他自己的理想相协调。或者一个人能够不惜一切代价地运用他的自由获取统治他人的权力，而无视在这个过程中被伤害的那些人，彼得·韦尔霍文斯基就是如此，他把希加廖夫的理论付诸实践。这两种对自由的滥用的共同之处是对绝对价值和上帝的反对，以便他自己成为上帝。斯塔夫罗金和彼得·韦尔霍文斯基都是虚无主义者[39]和无神论者。在下一部小说，即陀思妥耶夫斯基的巨著《卡拉马佐夫兄弟》中，他将向我们证明，为了避免虚无主义及其毁灭性的后果——疯狂、自杀和允许消灭他人，我们必须运用我们的自由去信仰上帝。

只有沙托夫在其死前的片刻和斯捷潘·韦尔霍文斯基在小说的结尾，指出了通向救赎之路。陀思妥耶夫斯基让斯捷潘·韦尔霍文斯基为其无意中在斯克沃列什尼基释放了群魔而最后苦修："20年来你把现在已经成熟的所有思想强加给人们——现在我们正在收集的你的学说的成果。"[40]他踏上了朝圣之路，成为一个上下求索的骑士，到他从未接触过的农民身上去发现俄罗斯的灵魂。他通过一个正在卖《福音书》的农妇寻找上帝。他发现没有什么"比爱更珍贵"，我们必须"原谅一切"，因为："一切，我们当中的每一个，都彼此伤害过。我们都是有罪的！""生活的每一分每一秒都应当是对人的祝福……这样做是每个人的责任。"最后，他领悟到"如果上帝存在（他确实存在），那么（我们是）不朽的"。这样，对于沙托夫和斯捷潘·韦尔霍文斯基的悲惨命运，我们就会感觉好一些，因为他们虽然最终也死去了，但是他们只是离开了这种尘世存在。

斯捷潘·韦尔霍文斯基甚至期望他自己及他人的死，认为那是当然的，一切都是出于好意。他引用了《圣经》"路加福音"中有关群魔的故事[41]：群魔从一个疯子那里逃了出来，进入猪群，群猪跳下悬崖，投在湖里淹死了，因此救了这个人，他说：

（群猪）就是我们，我们和他们，还有彼得——以及跟他在一起的那些人，而我也许是第一个，是带头的，我们这些疯疯癫癫、鬼魂附体的人，将从悬崖上跳进海中统统淹死，不过这倒是我们的一条出路，因为我们也只配如此。但是病人（即俄罗斯）将会痊愈，并“坐在耶稣脚前”，众人将看着他，感到惊讶。[42]

注释：

① 费奥多·陀思妥耶夫斯基:《白痴》，大卫·玛加夏克译，企鹅丛书，纽约，1955 年，第 326 页。

② 费奥多·陀思妥耶夫斯基:《群魔》，大卫·玛加夏克译，企鹅丛书，纽约，1971 年，第 262 页。

③ 玛加夏克在其《白痴》的引言中引述的，第Ⅸ—Ⅹ页。

④ 陀思妥耶夫斯基继续发挥了年轻的孩子们能够向我们表明我们应当行动的方式的思想。

⑤ 见柏拉图《理想国》，第ⅩⅩⅤ卷，第三部分。苏格拉底显然是柏拉图启蒙囚徒的原型。

⑥《查拉图斯特拉如是说》，第 16 页。

⑦《白痴》，第 486 页。

⑧ 同上，第 56 页。

⑨ 同上，第 531 页。

⑩ 同上，第 309 页。

⑪ 同上，第 24 页。

⑫ 同上，第 17 页。

⑬ 同上，第 247—248 页。

⑭ 同上，第 328 页。

⑮ 爱德华·瓦斯奥勒克:《陀思妥耶夫斯基的主要小说》,第 104 页。

⑯《白痴》，第 76—77 页。

⑰ 同上，第 67 页。

⑱ 丹尼尔·沙:《悲剧的幸存：陀思妥耶夫斯基的〈白痴〉》,《对话》，第 16 卷，1973 年，第 11 页。

⑲《白痴》，第 388 页，有意思的是，讲这番话的是伊波利特，不是公爵。陀思妥耶夫斯基相信处于死亡边缘的伊波利特产生了一种智慧。在这些字里行间，应当提到，公爵就像陀思妥耶夫斯基本人一样，也遭受过癫痫症的痛苦，就在一次近乎小死的发作之前，他经历了“一次意识的紧张提升”。

⑳《白痴》，第 298—299 页。

㉑ 见第 192、247 页，以及第 282—283 页对那种认为人们能够通过专注于他们的权利而获得幸福的观点的批判。

㉒ 爱德华·瓦斯奥勒克,《陀思妥耶夫斯基的主要小说》,第 109 页。

㉓《作家日记》，1876 年，第 202 页。

㉔ 同上，1873 年，第 151 页。

㉕《群魔》，第 308 页。

㉖ 根据这部小说中的一章，最初连载《群魔》的《俄罗斯信使》的编辑拒绝发表“斯塔夫罗金的忏悔”。陀思妥耶夫斯基在随后的版本中没有选择把这章放回小说中。

㉗《群魔》，第 259 页。

㉘ 同上，第 125 页。

㉙ 同上，第 615 页。

㉚ 后者对斯塔夫罗金是个明显的参照。

㉛ 这似乎与尼采关于超人的观点相似；但是与基里洛夫的“人—神”（为了实现完美但是空洞的自由，他反对上帝并且压制他所有的渴望）不同，尼采的超人由于有一个充溢、有力的人格和成为他自己的立法者的能力，而变成了上帝。尼采的超人并不试图压制他的渴望，这种渴望是他的力量源泉，他将其看作是好的。

㉜ 我们被告知“斯塔夫罗金是不知道恐惧的意义的那些人之一”（《群魔》，第 211 页）；沙托夫问他：“马奎斯·德·萨德本来能够吸取你的教训，这是真的吗？”（第 260 页）

㉝《群魔》，第 420 页。

㉞ 同上，第 422 页。

㉟ 同上，第 405 页。

㊱ 同上，第 404 页。

㊲ 同上，第 417—422 页。

㊳ 同上，第 423 页。

㊴ 在被去掉的“忏悔”中，斯塔夫罗金说：“我既不知道也感觉不到善恶……这只是一个偏见”。（《群魔》，第 692 页）

㊵ 总督列姆博克对斯捷潘·韦尔霍文斯基所说的话，《群魔》，第 447 页。

㊶ 这是《群魔》开篇的引言。

㊷《群魔》，第 648 页。

6

On Dostoevsky ——《卡拉马佐夫兄弟》

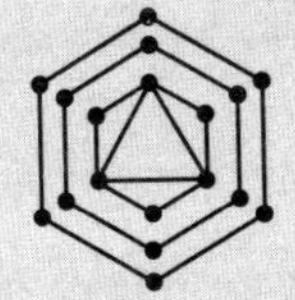

“这个问题（上帝和不朽）在您的心中还没有解决，您最大的悲哀就在这里，因为这是必须解决的。……假使您不能做肯定解决，那么同样也永远不会做否定解决，您是知道您的心的特点的，而您的心灵的全部痛苦也就在这里。”（长老佐西马对伊万所讲的话，《卡拉马佐夫兄弟》[①]）

“上帝和恶魔为统治权而斗争着，战场是人的内心。”（德米特里对阿辽沙讲的话，《卡拉马佐夫兄弟》[②]）

陀思妥耶夫斯基的哲学最充分地表达在《卡拉马佐夫兄弟》中，像《罪与罚》一样，这是一部围绕着导致一桩谋杀案的事件及其后果的巨著。费奥多·卡拉马佐夫是三个婚生儿子的父亲——而有传言说，他还有一个私生子。费奥多·卡拉马佐夫被描述为一个“昏头昏脑而又可笑的家伙”，他有一种特殊的挣钱诀窍。从外观上来说，他是令人厌恶的：

> 除了他那永远傲慢、多疑、嘲弄的小眼睛底下一长条肥肿的眼包，和小胖脸上的许多深深的皱纹以外，在尖尖的下颏下面还挂着一个大喉核，厚肉皮，椭圆形，像一只钱袋似的给他添上一种难看的、色情的样子。在加上一张食肉兽形的长嘴，厚嘴唇，嘴里露出乌黑的、几乎蛀尽了的残牙。一说话唾沫四溅。③

两个婚生儿子，德米特里和伊万，恨他们的父亲，可能对他的死负有责任。德米特里（也称米佳）是长子，性情冲动，富有热情，在过去曾以举止暴烈而闻名。他和他的父亲为引起同一个“堕落的女人”格鲁申卡的注意而争风吃醋，即使德米特里已经与另一个女人卡捷琳娜订婚。而且，德米特里相信他的父亲没有把他应从他已故的母亲那里得到的全部遗产交给他。卡拉马佐夫与第二个妻子所生的儿子伊万，是一个理性化的人，他毫不掩饰他对他父亲的厌恶之情。他不相信上帝和不朽，并提出这样的理论：如果没有对上帝和不朽的信仰，“那么就没有任何不道德的东西，一切都将被允许，甚至同类相残”。④

只有第三个婚生子，阿列克谢（也称阿辽沙）——也是费奥多·卡拉马佐夫第二次婚姻的产物——不恨他的父亲。这个温柔的小伙子作为一个新人在小说中第一次出现时，他已在离卡拉马佐夫庄园不远的一个修道院里度过了最后一年，他对任何人都不怀恶意。他被描绘得酷似《白痴》中的梅什金公爵，不同的是，他是一个“现实主义者”：

> （他）爱人们：他好像终生完全信赖别人，却从来没有人把他当作头脑简单或幼稚的人……他不愿意做人们的裁判官……他甚至好像对一切都容忍，毫不怨人，虽然时常感到很痛心。⑤

阿辽沙花费了大量时间试图维持和平和防止其他人干他们会后悔的事情。受他的英雄——长老佐西马——的鼓舞，阿辽沙梦想这样一个时期：

> 一切人都成为圣者，互相友爱，不分贫富、没有高低，大家全是上帝的儿子，真正基督的天国降临了。⑥

私生子斯麦尔佳科夫在费奥多·卡拉马佐夫的家庭里被当作佣人对待。他的母亲是当地的一个白痴，一次，喝酒的同伴们竟敢让费奥多·卡拉马佐夫将其“当作一个女人”。斯麦尔佳科夫是一个被描述为有“一种目空一切的性格”和“似乎轻视每个人”的癫痫病患者。结果证明他是实施谋杀的那个人，他是在装疯卖傻以掩饰他的犯罪行为。他崇拜伊万，并且相信这正是伊万希望他干的。

德米特里被注意到在犯罪现场。他被捕了并最终被宣告有罪，主要基于他的被抛弃的自尊受到伤害的未婚妻卡捷琳娜所提供的证据。当伊万听到他在促成这起谋杀中所扮演的角色时，他疯了。甚至当他为了帮助他的哥哥而招认时，也没有人相信他，斯麦尔科夫以自杀而告终。

小说的开头部分，长老佐西马“跪”在了德米特里面前，感到有许多苦难等待着他。德米特里一度愿意接受对他的惩罚，因为他渴望他父亲的死：“我接受对我的惩罚不是因为我杀了他，而是因为我想杀他，并且也许事实上已经杀了他。”[7]通过痛苦的煎熬，他感到他再生了：

> 我已感到在我身上一个新人出现了……他被关在我的心里，但是如果不是因为这次蓝色的闪电，他永远不会现身！……现在在我身上似乎有那么大的力量以致我能战胜一切事物，一切痛苦。[8]

他已经被爱拯救了，因为格鲁申卡最终委身于他：“我已经将她的全部灵魂纳入我的灵魂中，通过她，我已成了一个真正的男人！”[⑨]后来，他很高兴在他完全失去疯狂之前伊万为他计划了一条路，因为他知道他们不允许罪犯结婚。

《卡拉马佐夫兄弟》以伊留莎坟边的一幕结束，这个勇敢的小男孩是在德米特里谋杀了他的父亲之后不久悲剧性地死去的。用与《白痴》中所表达的伊波利特的思想相似的语言，阿辽沙告诉一群年轻的男孩通过在他们身上播“种”来积极地影响人们的生活的重要性：

> 让我们永远不要忘记我们曾经在这里感到多么美好，我们大家同心协力，由一种美好善良的情感联系在一起——这种情感在我们爱那个可怜的小孩的时候，或许会使我们也能变成一个比目前实际的我们更好一些的人。……某种美好的回忆，是世上最高尚，最强烈，最健康，而且对未来的生活最为有益的东西……甚至即使只有一个好的回忆留在我们的心里，也许在什么时候它也能成为拯救我们的一个手段。[⑩]

在这最后一部小说中，我们终于看到了对这两个基本哲学问题的完整回答，而在早期的小说中，他只是部分地回答了它们。这两个问题是：（1）人类的困境是什么？（2）我们应该如何生活？陀思妥耶夫斯基对人类困境的观点可以概括在他所作的五个陈述中：（1）“除了人，一切都是完美的和无罪的……”⑪（2）人有自由意志主义（libertarian）意义上的自由意志。这是他们最珍贵的财富。（3）成人是复杂的，在他们身上有相互冲突的冲动：“我们拥有广阔的、不受限制的本性……能够容纳各种极端……”⑫（4）这些冲动中的一些容易使成年人犯罪：“在每个人身上……隐藏着一个野兽。”⑬（5）然而，孩子是无罪的：“孩子……像天使一样，是无罪的，他们会唤起我们身上温柔的感情，净化我们的心灵，是我们的一种指南。”⑭

让我们来逐一思考一下这些陈述。从第一条我们知道陀思妥耶夫斯基不承认哲学家们所称的“自然的”或“物理的”恶的存在，这是一种不是由人类引起的恶。通常哲学家们把宇宙中存在的恶划分为两类：(a)“人造的”或“道德的”恶；(b)“自然的”或“物理的”恶。第一个范畴包括诸如谋杀或拷打这样的行动；第二个范畴包括疾病和自然灾难。难道陀思妥耶夫斯基不认为造成巨大痛苦的癌症和飓风是恶？显然不是。在存在着破坏人的身心的疾病与毁灭人的生命的自然灾难的条件下，要为“除了人，一切都是完美的”这样一个思想辩护殊为不易；但是陀思妥耶夫斯基能够根据它们并不涉及故意施加痛苦，坚持它们是“无罪的”。然而，如果我们假定有一个创造了宇宙的全知全能的上帝，那么似乎就可以说他引起或允许这些事情发生。这将意味着自然恶的例子也涉及故意施加给个人的痛苦。

余下的四个陈述已经在陀思妥耶夫斯基早期的小说中介绍过。我们已经看到人的自由对陀思妥耶夫斯基是多么重要以及他是多么关注它如何可能被滥用。陀思妥耶夫斯基始终坚信在人身上既存在好的冲动，也存在坏的冲动，按照坏的冲动行事可能导致巨大伤害。在这最后一部小说中，陀思妥耶夫斯基对成人的复杂性、对我们身上可能引起我们步入歧途或导致我们正确行动的东西，有了更为成熟的看法。在卡拉马佐夫的三个婚生子当中，我们看到了对人的人格的三个组成部分的渲染，陀思妥耶夫斯基将其描绘为：感觉的、理性的和精神的成分。在德米特里身上，感觉的方面占主导地位；在伊万身上，理性的部分占主导地位；而在阿辽沙身上，居于统治地位的是精神的部分。⑮

注意到在每个人身上这三种因素都存在着是重要的；但是通过对三个不同的个体身上的三种因素的渲染，陀思妥耶夫斯基能够向我们表明人格的这三个部分每一项的长处和缺点。我们知道感觉过度能够导致罪，理性过度能够折磨个人⑯并导致理论的发展，而这种发展又助长了人类的滥用（在《罪与罚》和《群魔》中我们获得了深刻的教训），人类的精神方面是最好的部分。

陀思妥耶夫斯基所作出的有关人的困境的五个陈述中的最后一个——孩子是无罪的——提出了一个有趣的问题：无罪的孩子们如何变成一般来说是有罪的成人？成人人格的三个部分——其中的两个能够导致犯罪（sin）——在人们身上要花时

间发展吗？抑或在他们发展的某个特定阶段成人败坏了孩子？

在陀思妥耶夫斯基看来，我们应当如何生活？需要预先交代几条。陀思妥耶夫斯基相信：（6）我们要为我们自己的行动负责［与（2）相关］。（7）一个普遍的道德准则依赖于对上帝和不朽的信仰。陀思妥耶夫斯基确信只有上帝能够给出支持一个绝对道德准则的权威，而不朽的前景使得善有善报成为可能，尽管这种回报可能不是在此世。如果没有对上帝和不朽的信仰，“一切都是允许的”。

陀思妥耶夫斯基似乎接受了康德为上帝存在所做的著名的“道德辩护”背后的推理：我们必须是道德的，但是实际上我们又知道我们的善行不一定在此世获得回报。为了让我们的道德行为有意义，德性和幸福必须有一个最终的统一：至善（summum bonum）。因此，必须有一个上帝以及上帝在其中按照我们此世的行为回报或惩罚我们的来世。然而，与康德和其他哲学家不同，陀思妥耶夫斯基相信：（8）理性不能给出我们生活的理由。一个人如果屈从于贫困的理性，他就会迷失自己。就像阿辽沙告诉伊万（在他身上，人格中理性的方面居主导地位）的：“爱生活吧……不要管逻辑……是的，千万不要去管逻辑，因为只有那时（一个人）才掌握了它的意义。”[17]陀思妥耶夫斯基不愿意完全接受康德的道德论点，因为康德的论点根本上依赖这样一个观点：道德原则——康德的道德命令——是人们能采用的唯一的理性原则。在康德那里，我们必须是道德的，因为它是理性的。但在陀思妥耶夫斯基看来则不是这样，对他来说，道德冲动来自于人的精神方面，而不是理性。

从（7）和（8），陀思妥耶夫斯基推断出：任何以理性（理智）为基础赋予生活以意义（和解决诸如人类的社会组织这样的问题）与反对上帝存在的企图都是命定的。陀思妥耶夫斯基尤其抨击了社会主义的理论。至于（2）和（6），陀思妥耶夫斯基反对剥夺人类自由意志及其行动的道德责任的宗教机构。就像我们将要看到的，这是陀思妥耶夫斯基批评罗马天主教的基础。

对陀思妥耶夫斯基来说，我们正确运用我们的自由是非常重要的。陀思妥耶夫斯基断言，要发现生活的意义和倡导一种尊重他人的绝对道德准则，（9）我们就必须自由地转向上帝，服膺于对上帝的爱，以及（10）通过对他人"积极的爱"[18]使我们自己变得更像基督。长老佐西马和阿辽沙——人格中精神的部分居主导地位的两个人物——向我们实际展现了我们应当如何行动的细节。我们应当：（a）避免脱离他人，而要（b）爱他人，尤其是那些罪孽深重的人，因为他们最需要我们的爱[19]，（c）意识到对每个他人的责任，因为我们有能力积极地影响他人的生活，（d）谦卑，因为我们不比其他任何人更优秀，（e）不评判他人[20]，只评判我们自己，（f）诚信[21]。

最后，联系到（1），陀思妥耶夫斯基说：我们应当爱尘世和一切自然状态的东西。在阿辽沙入迷的一刻，"尘世的秘密与（天堂的）秘密联系起来了"。他"把自己扔到了尘世"并且"疯狂地发誓要爱它，永远永远爱它”。[22]

就我们与他人的关系而言，我们应当追求的理想是：社会呈现出“一个单一的、普遍的和自主的教会”的特点，国家退出了舞台。陀思妥耶夫斯基想象我们达到这样一种存在的可能性，即人们能够把这种存在描述为地上的“天堂”，如果我们大家都同时自由地接受上帝和相互积极地爱。不像无神论国家统治的社会——这种国家能够剥夺个人的自由，并且能够以国家利益的名义为所欲为——陀思妥耶夫斯基理想的社会将尊重人的自由并依赖那种承认每个人价值的绝对价值。

对陀思妥耶夫斯基来说，我们自由地选择接受上帝是非常重要的。因此，他认为奇迹不应当在获得或坚持信仰中扮演角色。奇迹夺去了关于上帝存在的不确定性。如果奇迹出现了，我们就是不得不相信上帝，而不是将是否相信上帝留给个人的自由意志[23]。由于同样的原因，陀思妥耶夫斯基声称人们不能证明上帝的存在或者理解他的道路。

接受上帝存在最大的障碍是恶的问题：也就是在世界上存在着恶的情况下，调和一个慈善的、全知的、全能的宇宙创造者的问题。上帝必定知道恶的出现，因为他是全知的；他必定想消灭它，因为他是慈善的；他能够消灭它，因为他是全能的。但为什么还存在着恶？似乎既然恶存在着，上帝就不能存在。

陀思妥耶夫斯基在很可能是他全部小说中最杰出的两章中思考了这个问题，这两章就是《卡拉马佐夫兄弟》中的“叛逆”

和“宗教大法官”。在这些章节中，我们看到伊万的头脑在思考着，它的主人在前面的章节中承认这个头脑是“一个欧几里得的、一个尘世的头脑”，这个头脑不能“解决不属于这个世界的问题”。这意味着伊万理性地对待这个问题。为了接受上帝的存在，他需要对恶的问题有一个逻辑的解决。

在“叛逆”中，伊万以一种理性上似乎不可解决的方式向阿辽沙摆出了这个问题。他决定集中于成人对孩子残忍的对待，这肯定是恶的问题最扰人的部分。一个慈善的、全知的、全能的上帝怎么能够允许这种情况出现呢？陀思妥耶夫斯基邀请我们与阿辽沙一起经受折磨，他生动地向我们展现了现实生活中成人对孩子干的坏事典型。就像伊万所说，尽管“人们有时提到人的‘野兽般’的残忍”，但事实上“野兽从来不会像人那样残忍，那样巧妙地、艺术化地残忍”。

> 有一件事我发现特别有趣。你可以想象一下：一个吃奶的孩子抱在浑身哆嗦的母亲怀里，四周围着一群闯进来的土耳其人。他们想出一个寻开心的主意：他们逗弄婴孩，笑着，引他发笑，他们成功了，婴孩笑了起来。就在这个时候，一个土耳其人在离孩子的脸四俄寸的地方举起手枪朝他瞄准，男孩快乐地笑着，伸出两只小手，想抓手枪，忽然那个艺术家对准他的脸扣了扳机，把他的小脑袋打了个粉碎。[24]

他也给我们讲述了有关一个 5 岁女孩的事，这个女孩不断地被她父母抽打和折磨，当她弄脏自己时，她的母亲让她吃她自己的大便，然后，被整夜关到一个阴冷的厕所里。他还讲述了有关一个军官的故事，这个军官因为一个 8 岁的童奴在比赛中意外地伤害了他心爱的猎犬的爪子而不悦，他让这个男孩“剥光”，命令他跑，这时，一整群猎犬对他穷追猛赶，“把他撕成了碎片”。

让伊万感到不安的是孩子的无辜。他能够理解为什么已经犯罪的成人可能不得不受苦，但是“还有孩子们，我将如何对待他们”？在伊万看来，“他们为什么应当受苦，这是完全不能理解的”。让他们为他人的罪孽受苦是不公正的。而且，人们不能说因为“一个孩子注定要长大和犯罪”就说它是可以的。因为，就那个童奴而言，“他并没有长大；他在 8 岁的时候就被狗撕成了碎片”。

如果无辜的孩子的苦难对于达到某种“更好的和谐”是必要的，伊万说，那不值得这个代价。这种和谐的价值还抵不上一个受苦的孩子的眼泪——这孩子用小拳头捶着自己的胸脯，在臭气熏天的屋子里用无法补偿的眼泪祷告着：“我的上帝！”这一章伴随着伊万对阿辽沙的质问而达到高潮：

> 假设你自己要建筑一所人类命运的大厦，目的在于最后造福人类，给予他们和平和安谧，但是为这个目的，必须而且免不了要残害哪怕是一个小小

的生物——比方说就是那个用小拳头捶胸脯的孩子吧，要在他的无法补偿的眼泪上面建造这所大厦，在这种条件下，你答应不答应做这座房子的建筑师呢？[25]

尽管阿辽沙相信上帝，他回答说："不，我不能答应。"但是，对于从我们有限的视角看来是坏的事物能够与一个慈善的、全知全能的上帝的存在相协调，阿辽沙明显是愿意接受的。他不期望理解，但是伊万，这个理性化的人，此时此地必须要有一个答案，但是似乎又没有一个能够让他满意的答案。

对伊万来说，这个问题的关键部分在于他对"慈悲"的理解。在伊万看来，一个真正慈悲的存在该消灭痛苦，至少尽力消灭无辜的存在物的痛苦。既然无辜的存在确实在受苦，那么在伊万看来就不可能有一个慈悲的、全知的、全能的上帝。后来思考恶的问题的哲学家对慈悲提出了一个不同的定义。也许是受功利主义思想的影响，他们提出一个慈悲的存在会造成最大的净善，而这是与世界上存在大量的恶相容的[26]。

在紧接着"叛逆"的"宗教大法官"的故事中，陀思妥耶夫斯基给出了他对恶的问题的解决。许多读者并不清楚陀思妥耶夫斯基向我们给出了他的答案，因为他是间接地表达的，即通过表明与他鼓吹的观点相反的观点是不能接受的来表达的。伊万给我们讲了一个在西班牙，在 15 世纪"宗教裁判所最恶劣的时期”，耶稣在世上重现的故事。红衣主教，古代的宗教大法官，已经下令焚烧许多危险的异教徒。当宗教大法官认识到耶稣回到世上的时候，他让他的卫队逮捕了他，他后来在监狱的单人房间里访问了他。

这个宗教大法官告诉耶稣“他没有权利对先前说过的话补充任何东西”，一切都移交给了罗马主教。罗马天主教会通过消灭群众达到现世幸福的最大障碍——自由——来“修正”上帝的工作。宗教大法官告诉耶稣，只要人是自由的，就永远不会有对每个人来说足够的食物，因为“他们将永远不能让每个人有其公平的份额”。几乎没有人强壮到足以“为了天堂的面包而放弃尘世的面包”。虚弱饥饿、发现他们的自由是个负担的绝大多数人们心甘情愿地把他们的自由交给天主教会，天主教会向他们许诺它会养好他们并且会告诉他们应当如何生活。只有领袖是自由的。教会甚至允许大家犯罪，只要获得了它的“允许”。天主教会通过把它的体制建立在“奇迹、神秘和权威”的基础上而修正了上帝的工作，而上帝是反对将它们作为信仰的基础的,因为它们剥夺了人们相信上帝或不相信上帝的自由。故事以耶稣对宗教大法官一言不发而结束；相反他“温柔地吻了他那没有血色的、苍老的嘴唇”。宗教大法官让耶稣走。“这一吻让他的心里热乎乎的，但是这位老人坚持他的观点。”

宗教大法官清楚地采用了《群魔》中小魔希加廖夫的哲学：达到和谐社会的唯一途径是“十分之一的人被授予绝对自由和

不受限制的权力去统治剩下的十分之九"，那十分之九将"被变成某种类似兽群的东西"。教会运用宗教作为它的旗帜，以获取统治大多数人们的权力；但是甚至宗教大法官也承认为了实现大多数人的幸福，它是反对上帝的。领袖向他们自己保守着这种认识："我们将保守这个秘密，为了他们自己的幸福，我们会用天堂的回报来诱惑他们"，尽管"在坟墓的那一边，除了死亡，他们什么也不会发现"。

就像陀思妥耶夫斯基就这个问题所看到的，在只有通过剥夺人们的自由才能实现的最大限度的人类幸福与允许他们有自由意志之间，上帝面临着一个抉择，尽管很多痛苦可能来自于他们做出的选择。对于相信人的自由是他们最珍贵的财富的陀思妥耶夫斯基来说，他认为上帝应该有、并且已经做出了第二选择。为了自由意志，作为结果被引到这个世界上的任何苦难，都是值得的。陀思妥耶夫斯基希望我们会同意阿辽沙所说的伊万的故事"是在赞扬耶稣"，尽管耶稣什么也没说。我们不想被剥夺自由，即使是为了幸福。

除了恶的问题——陀思妥耶夫斯基承认它是接受他关于我们应当如何生活的观点的一个绊脚石，另一个主要的障碍是我们对特定的人的反感。陀思妥耶夫斯基承认抽象地爱人比实实在在地爱人更容易。就像伊万所说的："我永远不能理解一个人怎么会爱他的邻人，在我看来，恰恰对邻人是没法爱的，只有离远些的人或许还可以爱。"例如，德米特里发现爱他的父亲是不可能的："我恨他的喉结，他的鼻子，他的眼睛，他的不知羞耻的冷笑。我感到一种生理上的厌恶。"[28]佐西马长老告诉我们爱别人并不总是容易的，"积极的爱意味着艰苦的工作和坚韧"。

陀思妥耶夫斯基相信我们不能够强迫人们彼此相爱。它必须来自于人们自身：

> 这是一个精神的、心理的过程。要改变世界，人们自己必须经受一个内心的变化。只有你实际上成为每个人的兄弟，人的兄弟之情才能到来。[29]

直到这个时刻到来，"人们之间可怕的分离"才算结束，陀思妥耶夫斯基建议：

> 在那个时刻之前，我们必须一直让我们的旗帜飘扬，偶尔总还得有人哪怕是单枪匹马地忽然做出榜样来，把心灵从孤独中引到博爱的事业上去，哪怕甚至被扣上疯子的称号。这是为了使伟大的思想不致绝迹的缘故。[30]

注释：

① 费奥多·陀思妥耶夫斯基：《卡拉马佐夫兄弟》，大卫·玛加夏

克译，企鹅丛书，纽约，1982 年，第 78 页。

② 同上，第 124 页。

③ 同上，第 23 页。

④ 同上，第 77 页。

⑤ 同上，第 18 页。

⑥ 同上，第 32 页。

⑦ 同上，第 598 页。

⑧ 同上，第 694—695 页。

⑨ 同上，第 698 页。

⑩ 同上，第 910—911 页。

⑪ 同上，第 346 页。

⑫ 同上，第 824 页。

⑬ 同上，第 283 页。

⑭ 同上，第 375—376 页。

⑮ 崇拜伊万的私生子斯麦尔佳科夫似乎代表了对理性的曲解。可参见第 148—153 页他的奇谈怪论。

⑯ 伊万是被逼疯的，斯麦尔佳科夫是上吊自杀的。

⑰ 《卡拉马佐夫兄弟》，第 269 页。

⑱ 对陀思妥耶夫斯基来说，丧失了爱的能力是一个人身上能够发生的最坏的事情："什么是地狱？……来自于意识到不再能够爱的痛苦。"（同上书，第 379—380 页）

⑲ "一切都能够通过爱被补偿，一切都能够通过爱被拯救。"（同上书，第 56 页）

⑳ 对于改善人们的行为来说，"人们自己应当经受内心改变的痛苦是必要的"。（同上书，第 356 页）

㉑ 一个不断撒谎的人“会达到这样的地步：他在自己身上和他周围的人身上不能区分任何真理，这样他也就丧失了对自己和他人的所有尊重。没有对任何人的尊重，他也就停止了爱……”

㉒《卡拉马佐夫兄弟》，第426页。

㉓“信仰不是来自于奇迹，相反，奇迹来自于信仰。”（同上书，第26页）

㉔《卡拉马佐夫兄弟》，第279页。

㉕ 同上，第287页。

㉖ 证明上帝存在与宇宙中大量的恶的相容性最为精巧的论据是阿尔文·普兰廷加提出的，可参见他的著作《上帝、自由和恶》（纽约，1974年）。在我的论文《普兰廷加和自由意志的辩护》（《太平洋哲学季刊》，第62卷，1981年，第3期）中，我指出他对恶的问题的解决存在许多问题。

㉗《卡拉马佐夫兄弟》，第276页。

㉘ 同上，第141页。

㉙ 同上，第356页。

㉚ 同上，第357页。

7

On Dostoevsky —— 总评

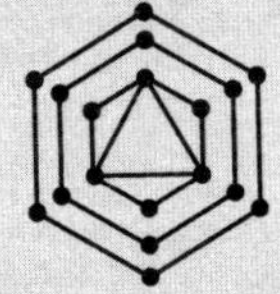

现在到了该对陀思妥耶夫斯基的哲学、对那些他写作他的伟大小说时所发展的并且最充分和明显地表达在《卡拉马佐夫兄弟》中的观点作出总评的时候了。其中的一些观点当然是可以质疑的；但是他关于这个问题——只要我们正确地运用我们的自由意志的话，生活可能是什么样的——的见解，一定是迄今为止我们看到的最富有启发性的思想之一。

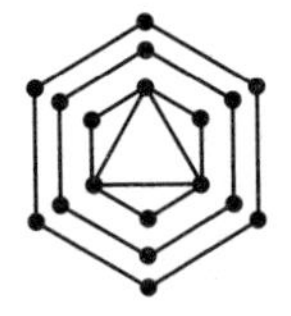

让我们从陀思妥耶夫斯基关于人的困境的描绘开始。就像我已经指出的，由于他对上帝的信仰，他不承认自然恶的存在，这是很成问题的。这在他的全部哲学观点中肯定是一个缺点，但是我认为，它并不是破坏性的。阿尔文·普兰廷加已经表明：

对人造恶问题的自由意志的解决办法也同样适用于自然恶，因为上帝创造的其他存在物，比如“堕落的”天使，由于他们对自由的滥用可能为这类恶负责。

陀思妥耶夫斯基的整个哲学的轴心是他对我们拥有自由主义意义上的自由意志的信仰。我们是否有这种自由，这是可疑的，许多哲学家甚至怀疑它是否是可以理解的。他们认为，要么一个行动来自于自我的性格本身——在这种情况下，行动是由自我的本性决定的；要么行动就不是由自我身上的任何东西所引起的，而仅仅是“突然”发生的——在这种情况下，自我无须为其负责。尽管这种批评对于自由意志意义上的自由概念似乎是毁灭性的，但是我在其他地方已经证明了这种自由概念是可以理解的。[①]

一些人质疑我们拥有自由主义意义上的自由意志是否与上帝的存在相容。如果有一个全知全能的上帝，我们还能够拥有这种意义上的自由吗？我认为人们可以相信尽管上帝能够阻止人类自由行动，但是他没有选择这么做。以这种方式上帝的全能可以被维护。更为困难的是要表明上帝的全知与人类在自由意志意义上的自由行动的相容性。我将证明一个全知的存在仅能知道逻辑上可能知道的一切。对我来说，将来的自由行动——自由意志意义上的自由——是不可知的。在我看来，当陀思妥耶夫斯基说上帝（假定他存在）必定已经断定对于可能源于这种自由的任何数量的恶来说，自由意志都是值得的，他是正确的。因为即使是上帝也不能事先知道我们善的行动是否会超过恶的行动。

陀思妥耶夫斯基有关成人是复杂的、有着相互冲突的冲动的观点——这些冲动中的一些可能使他们犯罪，另一些可能使他们行善——从直观上看似乎是正确的。他把人格分为三个部分的观点，柏拉图和弗洛伊德也提过，尽管他们对这三个因素的概括与陀思妥耶夫斯基的“感觉的”“理性的”“精神的”因素略有不同。我们也能够理解陀思妥耶夫斯基所讲的孩子是无辜的并且在某些方面能够作为我们的一种指南的观点。注意一下尼采的观点也是有趣的，他认为，潜在的超人在创造性的发展中的最高阶段是“儿童”阶段，因为它代表了单纯、遗忘，一种新的开始。

当我们考察陀思妥耶夫斯基有关我们应当如何生活的初步观点时，大多数哲学家都感到震惊的一个论断是：一个人理性（智性）的部分不是我们身上最好的部分。它能够将我们引入歧途。这种观点也能够在克尔恺郭尔和尼采的著作中发现②。这三个人都强调爱 / 激情是充分地运用一个人生命的关键；就像克尔恺郭尔所说的，“激情和沉思一般来说是互不相容的”。③

然而，在陀思妥耶夫斯基与另外两个人之间有一个根本的不同。陀思妥耶夫斯基本质上是一个集体主义者，而另两个人是个人主义者。在克尔恺郭尔看来，我们自由地选择为我们自己生活（审美的生活方式）、为他人生活（伦理的生活方式），或者为上帝生活（宗教的生活方式）。尼采为他潜在的超人推荐第一种选择，而克尔恺廓尔推荐了第三种，他认为这事关确立一种与上帝的一对一的关系。此二者都是关于个人致力于一种对他人来说可能不正确的生活方式。相反，陀思妥耶夫斯基献身于伦理的生活方式，并且不是把它作为我们如何能够生活的一种选择，而是作为唯一正确的方式。与克尔恺廓尔不同，对陀思妥耶夫斯基来说，伦理的生活方式是与宗教的生活方式紧密相连的。④

陀思妥耶夫斯基接受了绝对价值的存在，这是一些他相信我们大家都应该接受的价值。我们可以自由地去拒斥它们；但是如果我们这样做了，我们将付出沉重的代价。因为如果我们拒斥绝对价值的存在，那么“一切都是被允许的”，当人们干出最令人发指的罪恶时，我们就不必惊讶。

在意志自由的意义上，我们是自由的，除去他的这个信仰，陀思妥耶夫斯基超人的哲学观中最重要的假设是：只有上帝能够对绝对的价值标准提供支持。因此，对他来说，关于是否有一个上帝的问题，我们需要相信有一个，否则“一切都是被允许的”:“如果没有上帝，就必须发明一个出来……我很久以前就下定决心不去思考是人创造了上帝还是上帝创造了人。”⑤

我认为陀思妥耶夫斯基向哲学家们特别是伦理学家们提出

的主要挑战是：除了对上帝的信仰，是否可能发现对一个绝对的价值标准的任何其他支持。20 世纪的哲学家们试图抛开宗教来探究伦理学，但是似乎还没有成功地发现绝对的价值标准的另一个基石。几乎没有伦理学家认为伦理学相对主义是可以接受的，但是一旦宗教的基石被搬去，它们能够支持任何绝对价值吗？

在《卡拉马佐夫兄弟》中，一个社会主义的捍卫者用如下的话来挑战陀思妥耶夫斯基的观点：

> 即使没有对（上帝和）灵魂不朽的信仰，人类也将在其自身中发现为美德而生活的力量！他们会在对自由、平等和博爱的热爱中发现它。⑥

但是，如果这样做不符合人们的自我利益，如果人们不相信上帝和来生，那么关注平等和博爱的动机又是什么呢？如果他们相信他们自己就是“人—神”⑦，那么人们会怎么运用他们的自由？这些是陀思妥耶夫斯基要问的问题。他还会补充说：他们甚至以“自由、平等、博爱”的名义并且已经杀了许多人。

不管我们是否同意陀思妥耶夫斯基伦理学必须以宗教为基础的观点，他的伦理学价值肯定是非常令人钦佩的。陀思妥耶夫斯基向我们表明了他有关理想世界的看法，几乎没有人怀疑这个世界在道德上优于现存的贪婪的、不平等的、猜忌的和流血的世界。他说在他的理想的世界里，将会有：

> 普世的宗教团体……对人们的完整自由的维护，对自由所包含内容的指示，即爱的宗教团体，这种宗教团体是由业绩、活的典范、对兄弟情谊的实际需要来保证的，而不是由断头台的威胁，不是通过砍下数以百万计的人头来保证的……⑧

陀思妥耶夫斯基哲学的撩人之处是：如果我们有了这种自由——他认为我们是有的——他的设想就能够变成现实。同时，就我来说，我愿意努力去积极地爱他人，在他人身上种植“种子”，并且希望它生根。我们不得不失去的是什么？只有我们的骄傲，我们也许以“圣愚”的面目出现。

注释：

① 见“自由意志意义上的自由概念”，《国际哲学季刊》，第 21 卷，1981 年，第 4 期。

② 见克尔恺廓尔的《非科学性的最后附笔》和尼采《善恶的彼岸》中的“论哲学家的偏见”。

③ 《非科学性的最后附笔》，收入《克尔恺廓尔文集》，普林斯顿大学出版社，1973 年，第 255 页。

④ 对于克尔恺廓尔来说，这两者并非紧密相关的，因为上帝可能

让我们做一些不道德的事情（就像他让亚伯拉罕所做的那样）作为一种信仰测试。

⑤ 《卡拉马佐夫兄弟》，第 274 页。

⑥ 同上，第 92 页。

⑦ 在《卡拉马佐夫兄弟》中的一个有趣场面中，伊万遭遇了他个人的魔鬼，这个魔鬼重复了《群魔》中基里洛夫的观点。

⑧ 《作家日记》，1877 年，第 582 页。

On Dostoevsky ———— 参考书目

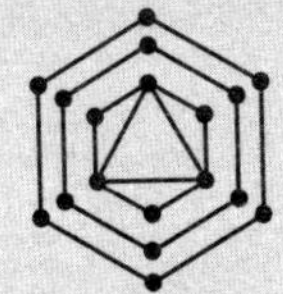

费奥多·陀思妥耶夫斯基（Fyodor Dostoevsky）:《罪与罚》（*Crime and Punishment*），translated by David McDuff，Penguin Books，New York，1991.

列昂尼德·格罗斯曼（Leonid Grossman）:《陀思妥耶夫斯基传》（*Dostoevsky，A Biography*），translated by Mary Mackler，The Bobbs-Merrill Company，New York，1975.

勒内·韦勒克（by Rene Wellek）:《陀思妥耶夫斯基：批判文集》（*Dostoevsky，A Collection of Critical Essays*），Prentice-Hall，Englewood Cliffs，New Jersey，1962.

爱德华·瓦斯奥勒克（Edward Wasiolek）:《陀思妥耶夫斯基的主要小说》（*Dostoevsky，The Major Fiction*），The M.I.T.Press，Cambridge，Mass.,1964.

阿尔巴·阿莫亚（Alba Amoia）:《费奥多·陀思妥耶夫斯基》（*Feodor Dostoevsky*），Continuum Publishing Company，New York，1993.

劳伦斯·斯特恩（Lawrence Stem）:《〈地下室手记〉中的自由与爱》（*Freedom and Love in Notes from Underground*），*Philosophy Research Archives*，Vol.4，1978.

维亚切斯拉夫·伊万诺夫（Vyacheslav Ivanov）:《自由和悲剧生活：陀思妥耶夫斯基研究》（*Freedom and the Tragic Life，A Study in Dostoevsky*），The Noonday Press，New York，1959.

格尔·科耶查·维金（Geir Kjetsaa,Viking）:《费奥多·陀思妥耶夫斯基：一个作家的生平》（*Fyodor Dostoevsky，A Writer's Life*），New York，1987.

C.A. 米勒尔（ C.A.Miller）:《尼采对陀思妥耶夫斯基的发现》（*Nietzsche's Discovery of Dostoevsky*），*Nietzsche-Studien*，Vol.2，1973.

费奥多·陀思妥耶夫斯基（Fyodor Dostoevsky）:《〈地下室手记〉和〈双重人格〉》（*Note from Underground and The Double*），translated by Jessie Coulson，Penguin Books，New York，1972.

费奥多·陀思妥耶夫斯基（Fyodor Dostoevsky）:《卡拉马佐夫兄弟》（*The Brothers Karamazov*），translated by David Magarshack，Penguin Books，New York，1982.

费奥多·陀思妥耶夫斯基（Fyodor Dostoevsky）:《群魔》（*The Devils*），translated by translated by David Magarshack，Penguin Books，New York，1971.

费奥多·陀思妥耶夫斯基（Fyodor Dostoevsky）:《作家日记》（*The Diary of a writer*），translated by Boris Brasol，George Braziller，New York，1954.

费奥多·陀思妥耶夫斯基（Fyodor Dostoevsky）:《白痴》（*The Idiot*），translated by translated by David Magarshack，Penguin Books，New York，1955.

达尼尔·沙（Daniel Shaw）:《悲剧的存在，陀思妥耶夫斯基的〈白痴〉》（*The Survival of Tragedy*，*Dostoevsky's The Idiot*），*Dialogue*，Vol.16，1973.